V&R

Eduard Lohse

Freude des Glaubens

Die Freude im
Neuen Testament

Vandenhoeck & Ruprecht

Bibliografische Information der Deutschen Nationalbibliothek

Die Deutsche Nationalbibliothek verzeichnet diese Publikation
in der Deutschen Nationalbibliografie; detaillierte bibliografische
Daten sind im Internet über <http://dnb.d-nb.de> abrufbar.

ISBN 978-3-525-63375-5

Umschlagabbildung:
Vertraute Wärme, Franck Blady © VG Bild-Kunst, Bonn 2006

Layout und Satz: weckner media+print GmbH, Göttingen
Druck und Bindung: Hubert&Co., Göttingen

Gedruckt auf alterungsbeständigem Papier.

Inhalt

Vorwort

„Die Freud ist eyn frucht und folge des glawbens" –
so hat einst Martin Luther[1] gesagt und hinzugefügt: „Denn yhe mehr glawbens da ist, yhe mehr
solch freud."[2] Die Freude muß aus dem Glauben
folgen. „Folget es aber nicht, ßo ist gewißlich der
glawb noch nit recht da."[3] Doch tröstlich bleibt:
„Glewbistu aber, ßo ists nitt muglich, das davon
deyn hertz nitt sollt für freuden ynn Gott lachen."[4]

Schaut man sich in Theologie und Kirche näher um,
so muß man ehrlicherweise feststellen, daß selten
mit solchem Nachdruck und solcher Kraft von der
Freude gesprochen und danach gelebt wird. Schlägt
man die verschiedenen Darstellungen einer Theologie des Neuen Testaments auf, so hat man Mühe,
Hinweise auf die Freude des Glaubens zu finden. Im
Vordergrund steht der tiefe Ernst, wie er der christlichen Botschaft anhaftet. Sünde und Gesetz,
Rettung und Verlorenheit, Bund und Erlösung,
Knechtschaft und Freiheit, Gericht und Verantwor-

tung werden in aller gebotenen Sorgfalt auf das gründlichste bedacht. Doch was die Freude für das Leben der Glaubenden ausmacht und wie sie sich in deren Leben auswirkt, wird vielfach kaum in den Blick gefaßt.

In der einzigen Monographie, die dem Thema der Freude im Neuen Testament gewidmet ist, wird eingangs mit Recht bemerkt, die Frage nach der Freude des Glaubens stehe „unverschuldet abseits der wissenschaftlichen Diskussion".[5] Diese Feststellung wurde vor mehr als siebzig Jahren getroffen, sie muß aber leider auch heute als zutreffend wiederholt werden. Nur in einigen wenigen Studien, die sich rasch aufzählen lassen, ist beschrieben worden, was die urchristliche Botschaft von der Freude zu sagen hat.[6]

Wer jedoch aufmerksam auf die biblische Einladung zur Freude zu achten beginnt, wird alsbald entdecken, daß das Motiv der Freude alle Schriften des Neuen Testaments wie ein roter Faden durchzieht. Bald tritt es stärker hervor, bald bleibt es zurückhaltender, doch immer steht es in strenger Bezogenheit auf die frohe Botschaft, die alle Zeugen der frühen Christenheit auszurichten haben und ausrichten wollen. Diese Spur gilt es aufzunehmen und der vielfachen Anstiftung zur Freude zu folgen.

Mit Recht ist an den Anfang einer Besinnung, die dem Thema der Freude im Neuen Testament gilt, die Einsicht zu stellen: „Wir können nicht von der Freude, die das Neue Testament verkündet, sprechen, ohne mit dem Alten Testament anzuheben."[7] Die Schriften des Neuen Testaments nehmen auf Schritt und Tritt auf die ihnen vorgegebenen heiligen Bücher von Gesetz, Propheten und Psalmen Bezug. Denn sie haben Sprache und Begrifflichkeit ausgebildet, in denen Gottes Wort durch den Lauf der Jahrhunderte bezeugt wurde. Daraus folgt, daß im Bedenken der neutestamentlichen Botschaft von der Freude immer wieder auf das Alte Testament zurückzugreifen ist. Denn nur im Einklang der beiden Testamente in der einen heiligen Schrift der Christenheit kann angemessen dargestellt werden, worin Freude der Glaubenden gründet, wie sie sich ausspricht und in welcher Weise sie deren Handeln leitet.

Unsere Darstellung soll zuerst dem unverwechselbaren Charakter der frohen Botschaft gelten, wie sie mit dem Evangelium verkündet wird. Sodann soll der Freudenbote beschrieben werden, als der Jesus von Nazareth in den Evangelien zu Wort kommt. Daran ist anzuschließen, was der Apostel Paulus von der Freude, deren Grund und Gehalt sowie ihrer Weitergabe in Predigt und Zeugnis zu sagen hat. Und schließlich ist von der vollkommenen Freude zu handeln, von der der Evangelist Johannes in eindringlichen Worten spricht. Auf diese Weise können bestimmte Schwerpunkte hervorgehoben werden, von denen mancherlei Querverbindungen in alle Schriften des Neuen Testaments ausgehen.

Dieses Geflecht wechselseitiger Bezugnahmen ist darzustellen, um zeigen zu können, daß in den unterschiedlichen Überlieferungen, die in den Schriften des Neuen Testaments ihren Niederschlag gefunden haben, auf mannigfache Weise von der Freude des Glaubens die Rede ist. Dabei sollen nicht alle Stellen aufgezählt oder zusammengetragen werden, an denen die Wortgruppen „Frohe Botschaft / Freude / Loblied" usw. vorkommen.[8] Es soll vielmehr darum gehen, einige Schneisen durch das urchristliche Schrifttum zu schlagen, um die wesentlichen Gesichtspunkte hervorzuheben, die die Aufmerksamkeit der Hörer und Leser auf die Grundmelodie der Freude lenken, die sich als Cantus firmus durch das ganze Neue Testament zieht.[9]

Das Evangelium
als frohe Botschaft

Die Freude im urchristlichen Bekenntnis[10]

Das griechische Wort Euaggelion bedeutet gute Nachricht, frohe Kunde, die Grund zur Freude bietet und mit Dankbarkeit und Lob angenommen sein will. Frohe Botschaft habe er ihnen gebracht – so sagt der Apostel Paulus in seinem ersten Brief an die Gemeinde in Thessalonich, dem ältesten Dokument christlicher Überlieferung, das uns überkommen ist (1. Thess 1,5). Die Abfassung dieses Schreibens wird in das Jahr 50 n.Chr. zu datieren sein. Paulus blickt zurück auf die Anfänge christlicher Verkündigung, wie er sie in der von hellenistischem Geist geprägten Stadt vorgetragen hat. In der Synagoge, in der dort lebende Juden sich zu regelmäßigem Gebet zusammenfanden, hatte Paulus von der Möglichkeit Gebrauch gemacht, wie sie synagogale Ordnung einem anwesenden Schriftgelehrten einräumte, und zu einer vorgetragenen Lesung aus den heiligen Schriften das Wort genommen. An drei aufeinander folgenden Sabbathen – so faßt später die Apostelgeschichte ihren Bericht zusammen –

habe Paulus den anwesenden Zuhörern sein Verständnis der verlesenen Abschnitte aus den biblischen Büchern vorgetragen (Apg 17,2f).

Zum Auditorium, das sich zum Gottesdienst in den Synagogen zusammengefunden hatte, gehörten nicht nur Juden, die in einer andersgläubigen Umwelt mit Treue am von den Vätern überkommenen Glauben festhielten und darum regelmäßig zum Gottesdienst in der Synagoge zusammenkamen. Auch manche Leute, die nichtjüdischer Herkunft waren, kamen – nicht selten auch sie mit treuer Regelmäßigkeit – zu diesen Gottesdiensten. Denn Glaube und Lebensweise der Juden machten auf ihre Umgebung vielfach nachhaltigen Eindruck.

Gute Nachricht des Evangeliums

Diese Ausstrahlungskraft, wie sie von vielen Synagogen rings um das Mittelmeer ausging, gründete im Charakter, der ihre Gottesdienste prägte. Da kam man zusammen und verlas Texte aus alten Schriften, um miteinander deren Bedeutung zu bedenken. Man trug Worte aus ehrwürdigen Gebeten vor, mit denen man sich nicht an eine unübersehbare Vielfalt von Göttern, Heroen und Halbgöttern wandte, sondern die Hoheit des einen Gottes bezeugte, der die Welt mit allem, was in ihr lebt, geschaffen hatte und bis auf die Gegenwart erhält. Von dieser worthaften Gestalt des Gottesdienstes, der auf einen entschiedenen Monotheismus ausgerichtet war, ging sammelnde Kraft aus, durch die die Juden, die in der Fremde der Diaspora lebten, in fester Gemeinschaft zusammengehalten wurden. Sie strahlte aber auch in die nichtjüdische Umgebung aus, die an polytheistischem Opferkult nicht mehr Gefallen fand. Der Gottesdienst der Synagogen schien einer philosophisch begründeten Verehrung des einen Gottes weitaus besseren Ausdruck zu geben, als es bei Verrichtung kultischer Handlungen in den Tempeln der hellenistischen Welt möglich war. Nahm man auch da, wo es allgemeine Bürgerpflicht gebot, an diesen Handlungen zumeist teil, so richtete sich doch in wachsendem Maß das Interesse nicht weniger „Griechen" auf die Botschaft, von der die Juden zu reden wußten. Deren Lebensweise, die von achtenswerter sittlicher Verantwortung geleitet war, unterschied sich von einer lockeren Lebenshaltung, wie sie weithin in der hellenistischen Gesellschaft üblich geworden war.

So weckten die Juden in der hellenistischen Gesellschaft Aufmerksamkeit und Interesse unter ihren Zeitgenossen. Um die Synagogen scharten sich Kreise von sog. Gottesfürchtigen, die zu den Gottesdiensten der Synagogen kamen, aber zumeist noch nicht den Entschluß gefaßt hatten, einen Übertritt zum Judentum mit allen damit verbundenen Konsequenzen zu vollziehen. Denn solcher Entschluß mußte bedeuten, daß man sich aus verwandtschaftlichen und gesellschaftlichen Bindungen, die das Leben in Haus und Familie prägten, hätte lösen und eine neue Verbindung im Verband der Synagogen hätte eingehen müssen. Die jüdische Forderung, bei einem Übertritt sich die Beschneidung als das Zeichen des Bundes gefallen zu lassen, stellte ein großes Hindernis dar, das vielen Sympathisanten den vollen Übertritt zum Judentum unmöglich machte. So blieben diese Leute, die sich für jüdischen Glauben und ihm entsprechendes Leben zu interessieren begannen, am Rand der Synagogen stehen, nannten sich „gottesfürchtig", waren aber noch unschlüssig, ob sie sich wirklich dem Gottesvolk Israel zurechnen dürften und könnten.

Unter diesen Menschen fand die Predigt des Apostels große Aufmerksamkeit. Sprach er von Evangelium, so war ihnen dieser Begriff und seine Bedeutung durchaus verständlich. In der hellenistischen Umwelt sprach man von Evangelium in der Einzahl oder auch in der Mehrzahl, wenn es darum ging, von Erscheinungen der Götter zu reden oder ihr Eingreifen in das Leben der Menschen zu kennzeichnen. In der Gestalt siegreicher und erfolgreicher Herrscher trat göttliche Hoheit in Erscheinung, die Respekt und ehrfürchtige Aufnahme forderte.

Alte Vorstellungen, die der Verehrung regierender Herrscher galten, fanden Anwendung auf Könige und Regenten der damaligen Zeit. Der Begriff „Evangelium" wurde daher als Bezeichnung guter Nachricht verstanden, die von einem Ereignis Kunde gibt, das zur Freude Anlaß bietet.

Vornehmlich wurde dieses Wort auf Botschaften angewendet, die von siegreichem Geschehen reden. Ein Bote tritt auf den Plan, der nach raschem Lauf innehält, die rechte Hand erhebt und mit lauter Stimme mitteilt: „Freut euch – wir haben gesiegt."[11] So hatte der Läufer, der nach der Schlacht bei Marathon, in der die Griechen über das Heer der Perser gesiegt hatten, den langen Weg nach Athen eiligen Schrittes zurückgelegt, sein Ziel mit Aufbietung aller Kraft erreicht und zusammenbrechend die frohe Kunde überbracht: „Wir haben gesiegt."

Auch im Alten Testament wird – vor allem in den Büchern der Propheten und der Psalmen – von der frohen Kunde gesprochen, die dazu beauftragte Boten auszurichten haben: Sie sollen zur Freude anstiftende Botschaft überbringen, indem sie Frieden verkündigen, Gutes predigen, Heil verkündigen und zu Zion sagen: „Dein Gott ist König." (Jes 52,7) Damit wird der Inhalt der guten Nachricht in einen kurzen Satz gefaßt, in dem die wunderbare Wende ausgesagt wird, die die Freudenzeit einleitet und begründet: „Der Herr ist König." (Ps 93,1; 96,10; 97,1; 98,6; 99,1 u.ö.)

In der Umwelt des Neuen Testaments hat der Begriff Evangelium auch im Zusammenhang mit dem Herrscherkult inhaltsschwere Bedeutung gewonnen. Seit der Zeit Alexanders d.Gr. wurde der Herrscher vielerorts als Epiphanie der Gottheit verstanden und verehrt. Solche Verehrung wurde dann in den orientalischen Provinzen des Römischen Reiches dem Kaiser entgegengebracht. So heißt es in einer Inschrift aus Priene in Kleinasien aus dem Jahr 9 v.Chr., der Geburtstag des Gottes sei für die Welt der Anfang der Freudenbotschaften, die seinetwegen ergangen sind. Dem Geburtstag folgen weitere freudige Ereignisse wie die Erklärung seiner Mündigkeit, seine Thronbesteigung und Erfolge, wie sie der Herrscher in Krieg und Frieden erringt.[12]

Im Unterschied zu diesem Sprachgebrauch, in dem von einer Mehrzahl mancherlei froher Botschaften die Rede sein konnte, kennt die urchristliche Verkündigung nur die Verwendung des Begriffs Evangelium im Singular. Wie das Alte Testament nur von der einen frohen Botschaft vom Königtum des Gottes Israels spricht, so hat auch die frühe Christenheit von Anfang an verkündigt, daß es nur ein Evangelium gibt: die Botschaft vom gekreuzigten und auferstandenen Christus, der als Gottessohn und Kyrios proklamiert wird. Diesen Sprachgebrauch und seinen durch die Christusbotschaft bestimmten Inhalt setzt der Apostel Paulus bereits voraus. Diese spezifisch christliche Bedeutung des Begriffs Evangelium muß daher schon in den allerersten Anfängen der frühesten Kirche geprägt worden sein.

Kreuz und Auferstehung Jesu Christi

Als Bote dieser Freudenkunde war der Apostel Paulus – wahrscheinlich im Jahr 49 n.Chr. – nach Thessalonich gekommen. Kurze Zeit später schreibt er im Rückblick auf diese seine Wirksamkeit, seine Predigt des Evangeliums sei nicht allein im Wort ausgerichtet worden, „sondern auch in der Kraft und im heiligen Geist und in großer Gewißheit" (1. Thess 1,5). Die Hörer seiner Predigt hatten mit Aufmerksamkeit zugehört und „das Wort aufgenommen ... mit Freude im heiligen Geist" (1. Thess 1,6). Sowohl von seiner Verkündigung als auch von deren dankbarer Aufnahme sagt Paulus, daß sie im heiligen Geist geschehen sei – also durch Gottes wunderbares Handeln durch und an Menschen gewirkt wurde. Darin aber liegt zugleich der Grund für die Freude, die die Haltung der Thessalonicher kennzeichnete – Freude über die frohe Kunde, die sie vernommen hatten, gültig für Juden, aber nicht minder für Heiden, die bisher nur am äußeren Rand der Synagoge hatten stehen können.

Welche Botschaft enthielt die gute Nachricht, die diese kraftvolle Wirkung ausgelöst hatte? Die Apostelgeschichte gibt auf diese Frage Antwort, indem sie in aller Kürze berichtet, Paulus habe an drei Sabbathen die Schrift ausgelegt und dargetan, „daß Christus leiden mußte und von den Toten auferstehen und daß dieser Jesus der Christus ist" (Apg 17,2f). Damit wird eine Inhaltsangabe gemacht, wie sie nirgendwo in der alten Welt in vergleichbarer Weise als Inhalt einer freudigen Nachricht zu finden ist. Deren „Evangeliumsnachrichten" waren stets auf gelungene Taten, zur Mitfreude einladende Ereignisse oder glückliche Vorgänge bezogen, die berechtigten Anlaß zu frohgemuter Stimmung boten. Aber hier heißt es: Der Christus mußte leiden und sterben, einen schrecklichen Tod erdulden und sein Leben am Kreuz als ein verurteilter Verbrecher beenden. Wie konnte man solche Nachricht als „Evangelium" bezeichnen?

In seinem ersten Brief an die Gemeinde in Korinth sagt Paulus, dieses Evangelium habe er empfangen, als ihm der lebendige Herr begegnet war und er aus einem Verfolger der Kirche zu einem Zeugen der frohen Botschaft berufen worden wurde:

Er habe den Korinthern weitergegeben, was er auch empfangen habe:

> „daß Christus gestorben ist für unsere Sünden nach den Schriften;
> und daß er begraben worden ist;
> und daß er auferweckt wurde am dritten Tag nach den Schriften;
> und daß er dem Kephas erschienen ist, danach den Zwölfen."

(1. Kor 15,3–5)

Wie deutlich zu erkennen ist, zitiert Paulus in diesen kurzen Sätzen eine bekenntnisartig zusammengefaßte Formulierung urchristlicher Überlieferung, die Tod und Auferstehung Christi als den zentralen Inhalt des Evangeliums benennt. Christus ist für unsere Sünden gestorben – das heißt: Der von Gott erwählte Gesalbte wurde ans Kreuz geschlagen. Im damaligen Judentum gab es unterschiedlich ausgeprägte Vorstellungen über die zukünftige messianische Zeit.[13] Zumeist wurde gesagt, Gott werde durch einen erwählten Heilbringer Not und Elend seines Volkes aufheben und es durch ihn in die zukünftige Freiheit und Herrlichkeit führen. Die vorherrschende Ansicht, die vor allem von den Pharisäern vertreten wurde, bezeichnete den Gesalbten Gottes als den Sohn Davids, der nach dem Vorbild des großen Königs Israels auftreten, die Herrschaft der Heiden zerbrechen und die Heilszeit einleiten werde. Daneben aber gab es die Meinung, ein gesalbter Hoherpriester werde kommen, um die Reinheit der Heilsgemeinde herzustellen und die paradiesische Zeit anheben zu lassen.

Unter den Frommen, wie sie sich am Ufer des Toten Meeres bei Qumran zusammengefunden hatten, sprach man davon, ein endzeitlicher Prophet werde auftreten und nach ihm würden der gesalbte König und der gesalbte Priester gemeinsam Israel in der Heilszeit regieren. Andere Gruppen dachten, ein endzeitlicher Prophet nach dem Vorbild des Mose werde der Retter seines Volkes sein. Und in Kreisen, die von apokalyptischer Erwartung erfüllt waren, erwartete man, am Ende der Tage werde der Menschensohn auf den Wolken des Himmels herabkommen, um Gericht zu halten, die Gemeinde der Gerechten um sich sammeln und mit ihnen das endzeitliche Freudenmahl halten.

Gemeinsam ist diesen unterschiedlich ausgeprägten Vorstellungen, daß die von Gott gesandte Rettergestalt als sieg- und erfolgreiche Erscheinung auftreten und den grundlegenden Wandel von der alten zur neuen Welt durchsetzen werde. Die urchristliche Botschaft aber spricht von Leiden und Sterben des Gesalbten Gottes. An einer Stelle, wo es niemand erwartet oder sich ausgedacht hätte, hat Gott gezeigt, wer er ist und wie er handelt. Die Tiefen des Leides und ein elendes, qualvolles Sterben hat der Christus durchmessen. In das verborgene Dunkel hat ihn Gott gehen lassen bis zu dem Punkt, da er den verzweifelt anmutenden Schrei ausstieß: „Mein Gott, mein Gott, warum hast du mich verlassen?" (Mk 15,34 Par.)

Die älteste christliche Verkündigung gibt in den knappen Worten, derer sie sich bedient, eine Ursache dafür an, daß der Christus leiden und sterben mußte: unsere Sünden. Das heißt, daß die von uns Menschen verursachte Gottesferne von dem einen, der auch in der äußersten Finsternis Gott gehorsam blieb und sich seinem Willen fügte, auf sich geladen und dadurch aufgehoben wurde. Durch keines Menschen Tun, sondern allein durch den Gehorsam des einen, der sich zutiefst erniedrigte, ist die schwere Last der Schuld aufgeladen und fortgetragen worden. Wie kann diese Kunde als gute Nachricht aufgenommen und begriffen werden?

Auf den Sinn seines Sterbens weist der Bezug auf die Schriften hin. Damit wird vornehmlich an Abschnitte gedacht sein, wie sie die Leidenspsalmen 22,31 und 69 enthalten, die von den ersten Christen immer wieder – vor allem in der Darstellung der Passionsgeschichte Jesu – herangezogen wurden. Vor allen anderen Texten aber gewann das Lied vom

Gottesknecht aus Jes 53 schlechthin bestimmende Bedeutung, um Gottes verborgenen Ratschluß zu begreifen. Denn er – dieser Knecht Gottes – trug unsere Krankheit (V. 4), wurde um unserer Missetaten willen verwundet (V. 5), und fand bei Gottlosen sein Grab (V. 9). Er trug die Sünden der Vielen (V. 11) und hat sein Leben in den Tod gegeben (V. 12). Doch mit den Worten „nach den Schriften", die sich zweimal mit starker Betonung im urchristlichen Bekenntnis finden, wird nicht nur an einzelne Sätze aus dem Alten Testament erinnert, sondern die ganze Schrift als Zeugnis von und für Christus in Anspruch genommen. Während in den Synagogen das Gesetz als wichtigster Teil der heiligen Schriften Israels galt und als Norm zum Verständnis aller Bücher betrachtet wurde, richtet die frühe Christenheit ihre Aufmerksamkeit vor allen anderen auf die Propheten und die Psalmen, in denen sie die Passion Jesu Christi vorgezeichnet sieht. Allein mit Hilfe der Schriften läßt sich der Sinn des Leidens und Sterbens Christi erkennen und als Gottes heiliger Wille verstehen: Er hat die Last unserer Sünden fortgeschafft – ein für allemal. Mit der ausdrücklichen Erwähnung seines Begräbnisses wird hervorgehoben, daß er den bitteren Weg des Leidens bis ans Ende, in Tod und Grab, gegangen ist.

Dem ersten Satz, der vom Tod Christi handelt, ist der zweite gegenübergestellt, der von seiner Auferstehung spricht. Die streng parallel gebaute Struktur der beiden Sätze läßt die feste Zusammengehörigkeit der Aussagen erkennen: Kreuz und Auferstehung Christi sind das eine Heilsgeschehen, von dem das Evangelium Kunde gibt. Die Auferstehung Christi verleiht seinem Sterben rettende Kraft, wie Paulus interpretierend hervorhebt: „Denn wäre Christus nicht auferweckt, so wäret ihr noch in euren Sünden." (1. Kor 15,17) Will man als Beleg für den Satz, daß Gott Christus am dritten Tag auferweckt hat „nach den Schriften", eine bestimmte Stelle aus dem Alten Testament anführen, so käme allein Hos 6,2 in Betracht: Die Zeitgenossen des Propheten sprachen: „Er hat uns zerrissen, er wird uns auch heilen; er hat uns geschlagen, er wird uns auch verbinden. Er macht uns lebendig nach zwei Tagen; er wird uns am dritten Tage aufrichten, daß wir vor ihm leben werden." Doch diese Stelle aus dem Buch des Propheten Hosea wird nirgendwo im Neuen Testament zitiert und hat demnach offensichtlich in der urchristlichen Predigt keine erkennbare Rolle gespielt. Dann aber ist auch in diesem Satz mit dem Hinweis auf die Schriften schwerlich daran gedacht, daß einzelne Stellen die Beweislast tragen sollten. Vielmehr wird auch für die Botschaft von der Auferstehung Christi das gesamte Zeugnis des Alten Testaments aufgeboten.

Für diese Predigt verbürgen sich die ersten Zeugen, denen der Gekreuzigte als der Lebendige erschien: Kephas und die Zwölf. Ihnen hat sich der auferstandene Christus bezeugt; davon reden sie. Ob diese Predigt wahr ist, kann nur erkannt werden, wenn sie im Glauben angenommen und die Antwort gegeben wird: Er ist wahrhaftig auferstanden. Denn:

> „Wenn du mit deinem Mund bekennst,
> daß Jesus der Herr ist,
> und in deinem Herzen glaubst, daß ihn Gott
> von den Toten
> auferweckt hat –
> so wirst du gerettet." *(Röm 10,9)*

Glaube an den auferstandenen Christus spricht sich im Bekenntnis aus, daß er und niemand sonst der Herr zu nennen ist. Wo aber dieses Bekenntnis ausgesprochen wird, da kann der Glaube an den Auferstandenen mit Kraft der Überzeugung sagen: Er ist für unsere Sünden gestorben. Von Kreuz und Auferstehung Christi kann daher allein so angemessen gesprochen werden, daß die uns betreffende Bedeutung dieses Geschehens aufgewiesen wird: für uns gestorben – nach den Schriften. Dieses Evangelium wird als die kirchengründende Predigt verkündigt, die von Paulus und allen anderen Zeugen des Auferstandenen übereinstimmend ausgerichtet wird (1. Kor 15,11).[14]

Die junge Gemeinde in Thessalonich erinnert der Apostel daran, daß sie diese Predigt des Evangeliums als frohe Botschaft verstanden und angenommen hat – mit Freude (1. Thess 1,6). Denn sie haben gespürt, daß die gnädige Zuwendung, die Gott in Christus kundgemacht hat, ihnen gilt – kraft des aus dem Geist gewirkten Zuspruchs. Das Evangelium, das ihnen bezeugt wurde, haben sie nicht nur als einen Bericht vernommen, der von einem bestimmten Geschehen handelt. Sie haben vielmehr dessen Worte als Verkündigung des im Kreuzesereignis gründenden Heils begriffen und unmittelbar selbst als Heilsgeschehen erfahren.[15] Darum vermochte es Freude zu wecken und diese Freude als kraftvollen Impuls für eine Erneuerung des Lebens und Handelns zur Wirkung zu bringen.

Der Apostel kann daher aus voller Überzeugung sagen, er sei in Thessalonich gut aufgenommen worden und seine Predigt sei nicht vergeblich gewesen (1. Thess 2,1). Die Freude, die unter den Christen der eben gegründeten Gemeinde lebendig wurde, erfaßt auch den Boten der guten Nachricht, so daß er von ihr sagen kann, die junge Gemeinde sei seine Hoffnung, seine Freude und sein Ruhmeskranz (2,19). Denn: „Ihr seid ja unsere Ehre und Freude." (2,20)

„Denn wie können wir euretwegen Gott genug danken für alle die Freude, die wir haben vor unserem Gott?" (3,9)

Dieses eine Evangelium, das von Gewißheit getragene Freude zu wecken vermag, wird in den verschiedenen Formulierungen, in denen es ausgesprochen wird, stets als Christuszeugnis ausgerichtet. Neben dieser Verkündigung kann und darf es daher kein anderes Evangelium geben (Gal 1,6–9). Gleichwohl kann es in verschiedenen Wendungen ausgesagt werden, die in ihrem jeweiligen Wortlaut die eine gute Nachricht zum Ausdruck bringen.[16] Denn die frohe Kunde ist nicht auf einen einzigen, formelhaft verfestigten Wortlaut festgelegt, sondern wird in mannigfachen Formulierungen ausgesagt, die die eine Botschaft von Christus entfalten und ihn als den von Gott Erwählten, den Gottessohn und Kyrios proklamieren.

Im Eingang des Römerbriefes bezeugt Paulus mit Rückgriff auf eine andere, ihm bereits vorgegebene Formulierung das eine Evangelium, auf das sich allerorten der Glaube der Christen gründet. Dabei weist er ausdrücklich auf die prophetischen Verheißungen der Schriften hin. Die Wendung, die er dann anführt, redet in einem Doppelzeiler von dem „der geboren wurde aus dem Samen Davids nach dem Fleisch, der eingesetzt wurde zum Sohn Gottes in

Kraft nach dem heiligen Geist aus der Auferstehung der Toten" (Röm 1,3f).

Wird in der ersten Zeile die Davidssohnschaft des Irdischen genannt, so wird diese Aussage in der zweiten Zeile überhöht, die von der Einsetzung des Auferstandenen zum Sohn Gottes spricht.[17] Darin erfüllt sich nach urchristlichem Verständnis, was Ps 2,7 angekündigt wurde: Gott sprach zum Gesalbten: „Du bist mein lieber Sohn, heute habe ich dich gezeugt." Mit diesen Worten ist dem Erwählten sein herrscherliches Amt übertragen. Die christliche Gemeinde knüpft unmittelbar an diese alttestamentliche Verheißung an und sagt, daß sie in der Auferstehung Jesu Christi verwirklicht wurde – Grund zur Freude des Glaubens, die sich im jubelnden Lobpreis der Gemeinde ausspricht: zur Ehre Gottes des Vaters (Phil 2,6–11).

Wie im 1. Thessalonicherbrief – dem ältesten Schreiben des Apostels, das uns überkommen ist – und im Römerbrief – dem wahrscheinlich letzten Brief, den Paulus vor Gefangenschaft und Tod hat schreiben können – bezieht er sich auch in allen anderen Briefen auf dieses eine Evangelium und entfaltet die rettende Kraft, die es den Glaubenden als Grund ihrer Freude schenkt. Im Galaterbrief wird aus der Wahrheit des Evangeliums, die Paulus zu verteidigen hat (2,5.14), gefolgert, daß alle diejenigen, die einer Predigt des Gesetzes als Weg zum Heil zu folgen geneigt sind, vom Evangelium abfallen und seine Wahrheit in ihr Gegenteil verkehren (2,6).

Im 1. Korintherbrief wird die Evangeliumspredigt als Verkündigung des Kreuzes Christi vollzogen. Dabei betont der Apostel, er befinde sich geradezu unter einem Zwang, diese Botschaft bezeugen zu müssen. „Denn daß ich das Evangelium predige, dessen darf ich mich nicht rühmen; denn ich muß es tun. Und wehe mir, wenn ich das Evangelium nicht predige." (1. Kor 9,16) Wo aber der Bote des gekreuzigten Herrn verachtet und seine Predigt zurückgewiesen wird, da wendet man sich einem anderen Evangelium zu, durch das die Wahrheit der Verkündigung untergraben wird (2. Kor 11,4). Wer sich jedoch dem Wort des Evangeliums öffnet, der tritt in Gemeinschaft mit den Leiden Christi ein und muß bereit sein, um seinetwillen auch Verfolgung und Gefangenschaft zu erdulden. Paulus erinnert daher die Gemeinde in Philippi daran, daß sie von der Gründung an „Gemeinschaft am Evangelium" empfangen und bewährt hat (Phil 1,5). Daher kann er auch seinem Leiden einen positiven Sinn geben, weil es dazu dient, das Evangelium zu verkündigen und zu verteidigen (Phil 1,7). In der grundsätzlichen Rechenschaft, die der Apostel im Römerbrief von seiner Verkündigung der Christusbotschaft ablegt, hebt er hervor, daß in diesem Evangelium Gottes

Kraft wirksam ist „zur Rettung für jeden, der glaubt, für den Juden zuerst und auch den Griechen. Denn Gottes Gerechtigkeit wird in ihm offenbart, wie geschrieben steht: Der Gerechte aber wird aus Glauben leben." (Röm 1,16f)

Hier wird mit starkem Nachdruck hervorgehoben, daß das Evangelium, zu dem sich die ganze Christenheit einmütig bekennt, seine sachgemäße Auslegung in der Botschaft von der Rechtfertigung erfährt. Denn das war die entscheidende Erkenntnis, die Paulus bei seiner Bekehrung und Berufung eröffnet wurde, „daß ich nicht meine Gerechtigkeit habe, die aus dem Gesetz kommt, sondern die durch den Glauben an Christus kommt, nämlich die Gerechtigkeit aus Gott, die dem Glauben zugerechnet wird" (Phil 3,9). Diese Thematik wird in den langen Ausführungen des Römerbriefes im Blick auf verschiedene Fragenbereiche und thematische Zusammenhänge entfaltet und nach allen Seiten ausgeleuchtet. Das Evangelium als Botschaft von der Rechtfertigung macht froh und frei und erfüllt alle Bereiche christlichen Lebens. Das Evangelium hat weder eine allgemeine Wahrheit noch einen zeitlos gültigen Mythos zum Inhalt, sondern ruft das Christusgeschehen als Heilsereignis aus und stiftet durch diese gute Nachricht zu dankbarer Freude an.

Der Evangelist Markus – der älteste Zeuge, der von Jesu Verkündigung und seinen Taten, seiner Passion und seiner Auferstehung Bericht gibt – leitet sein Buch mit den Worten ein: „Anfang des Evangeliums von Jesus Christus" (Mk 1,1) und hebt damit den Bezug des Evangeliums auf die Geschichte Jesu mit Betonung hervor. Der Anfang des Evangeliums ist mit dem Beginn des öffentlichen Auftretens Jesu gegeben. Darum hat die gute Nachricht, die frohe Botschaft als Grund zur Freude weitergibt, von Jesu Taten, seinen Gleichnissen und Worten sowie seinem Weg zu Karfreitag und Ostern Kunde zu geben.

Freudenbotschaft und Freudenbote

Die Freude in der Verkündigung Jesu

„Anfang der Freudenbotschaft Jesu Christi"[18] – mit diesen Worten leitet der Evangelist Markus seinen Bericht ein, den er über Jesu Taten und Worte, seine Passion und seine Auferweckung gibt (Mk 1,1). Den geprägten Begriff des Evangeliums setzt er bei seinen Lesern als bekannt voraus. Denn er schreibt – wahrscheinlich kurz vor 70 n.Chr. – für christliche Leser, die die frohe Kunde von Jesus Christus gehört haben und nun Bericht über die Geschichte Jesu bekommen sollen. Daß Jesus von Nazareth der Christus sei, der von Gott Gesalbte, in dem die Verheißungen der Schriften in Erfüllung gegangen sind, wird als knappe Inhaltsangabe des Evangeliums hinzugesetzt. In manchen alten Handschriften wird die Hoheitsaussage des messianischen Titels noch deutlicher gefaßt, indem ergänzend bemerkt wird: „des Sohnes Gottes" – oder: „des Sohnes Gottes und Kyrios". Als ursprüngliche Fassung des Textes wird aber der kürzere Ausdruck zu gelten haben, ist doch die Bezeichnung Jesu als

Christus/Messias als Ausdruck ältesten christlichen Bekenntnisses eindeutig und daher keiner weiteren Erläuterung bedürftig (vgl. Mk 8,29 Par.).

Die Herrschaft Gottes

Im Unterschied zu den verschiedenen Formen jüdischer Erwartungen ist dieser Christus nicht als hoheitsvoller und siegreicher Herrscher gekommen, sondern hat leiden und sterben müssen, hinabgestoßen in die bitterste Verlassenheit und die Finsternis des Todes. Gott aber hat ihn nicht im Tod gelassen, sondern sich zum Gekreuzigten bekannt, indem er das Leben triumphieren ließ. Daher wird die Geschichte seiner Passion unter der Perspektive: „Er ist auferweckt!" (Mk 16,6) betrachtet, so daß die gute Nachricht, die über ihn und von ihm weitergegeben wird, nicht nur Kreuz und Auferstehung, sondern auch seine Geschichte umfaßt, die – wie im Rückblick verstanden werden konnte – auf das Geschehen seines Sterbens und seiner Auferweckung zulief und darin ihre Vollendung fand.

Diese Geschichte, von der nun erzählt werden soll, hat einen Anfang. Zu einer bestimmten Zeit und an einem deutlich zu bezeichnenden Ort hat dieses Geschehen seinen Anfang genommen: beim Auftreten Johannes des Täufers und seiner Ankündigung des Kommenden, der stärker sei als der Prediger in der Wüste, so daß dieser nicht wert sei, ihm den niedrigen Sklavendienst zu erweisen und ihm den Riemen seiner Sandalen zu lösen (Mk 1,7 Par.). Der Evangelist Markus gibt mit dieser Bestimmung des Anfangs zu erkennen, daß er vorgegebener Überlieferung folgt, die Johannes den Täufer als Vorläufer Jesu in Anspruch nimmt und in seiner prophetischen Ankündigung den Beginn des Geschehens sieht, von dem das Evangelium Kunde zu geben hat (vgl. Apg 1,22; 10,37).

Dieser thematische Hinweis auf das Evangelium richtet schon mit den ersten Worten des Buches, das Markus schreibt, Christusbotschaft und Christusbekenntnis aus. Das wird im Folgenden des näheren erläutert. Das Evangelium, zu dem sich die glaubende Gemeinde bekennt, handelt vom Christusgeschehen, das den Inhalt der frohen Botschaft ausmacht. Oder anders gesagt: Wie Jesus Christus der schlechthin bestimmende Inhalt des Evangeliums ist, so ist er zugleich dessen Zeuge und Bote. Denn Jesus selbst hatte dieser Aufgabe zu dienen: das Evangelium Gottes zu bezeugen (Mk 1,14 Par.). Gott selbst hat im Christusereignis gehandelt, so daß es das „Evangelium Gottes" ist, mit dessen Bezeugung Jesus von Nazareth seine öffentliche Wirksamkeit beginnt. Seine Verkündigung wird daher vom Evangelisten in den knappen Satz zusammengefaßt:

„Erfüllt ist die Zeit, und Gottes Herrschaft ist nahe gekommen. Kehrt um und glaubt dem Evangelium." (Mk 1,15 Par.)

Endzeitliche Erwartung, wie sie im damaligen Judentum in mannigfachen Formen ausgesagt wurde, war von der Hoffnung getragen, der Gott Israels möge bald allem bösen Treiben der Menschen auf Erden ein Ende bereiten und seine Herrschaft aufrichten (s.o. S. 15f, 19f). Jesus nimmt in seiner Verkündigung den von gespannter Erwartung geprägten Begriff der Herrschaft Gottes auf und füllt ihn mit einem von Grund auf erneuerten Sinn.

Der Evangelist Markus faßt den Gehalt dieser Predigt in die Worte, Gottes Herrschaft bedeute frohe Botschaft. Damit wird der urchristliche Begriff des Evangeliums mit der von Jesus proklamierten Ankündigung der Herrschaft Gottes fest verbunden. Gute Nachricht für alles Volk wird in der Zusage ausgerufen, daß Gott nahe ist und diese seine Nähe aufleuchten läßt in Jesu Taten und Worten. Diese Botschaft aber ist darauf ausgerichtet, daß sie im Glauben angenommen werden möchte. Wer sich vom Evangelium anrühren und anreden läßt, der wird dessen gewiß werden, daß diesem ihn treffenden Wort Kraft der Erneuerung innewohnt. Darum wird die Aufforderung zum Glauben verbunden mit dem Aufruf zur Umkehr.

Von der Umkehr, wie sie hier und jetzt geboten ist, hatten bereits die Propheten des alten Bundes und zuletzt Johannes der Täufer gesprochen (vgl. Mk 1,4 Par.). Sie hatten die Hörer ihrer Predigt dazu angehalten, von dem Weg, auf dem sie sich bisher bewegt hatten, umzukehren und sich dem Kommen Gottes zuzuwenden. In seiner Predigt hatte Johannes die prophetische Botschaft mit neuer Eindringlichkeit versehen:[19] Bald werde der Tag kommen, an dem sich jedermann vor Gott werde zu verantworten haben. Darum gelte es, den Ernst der Stunde zu begreifen und die gebotene Umkehr dadurch zu vollziehen, daß man sich taufen lasse, um Vergebung der Sünden zu empfangen (vgl. Mk 1,4f Par.).

Wie Johannes so spricht auch Jesus von der Umkehr als der hier und jetzt gebotenen Entscheidung. Aber Jesus verleiht dieser Aufforderung einen neuen Ton und einen hellen Klang. Denn was Johannes noch nicht zu sagen wußte, ist nun in Erfüllung gegangen: Die Herrschaft Gottes ist nahe, sie bricht an in der Erscheinung Jesu – das ist der Inhalt der frohen Botschaft, die jetzt ausgerufen wird. Die Umkehr, wie sie hier und jetzt vollzogen werden soll, behält zwar den Ernst, wie er durch Johannes in seine Bußpredigt hineingelegt wurde. Doch dieser Ernst wird überstrahlt und gehalten von der Einladung zur Freude, wie sie das Evangelium als frohe Botschaft ansagt. Darum gilt: „Umkehr ist Freude."[20] In ihr spricht sich die Freude derer aus, die über alle Maßen reich beschenkt sind durch Gottes barmherzige Zuwendung, wie Jesus sie ansagt und zuspricht.

Diese Freude wissen vor allen anderen diejenigen zu spüren, die sich dessen bewußt sind, arm vor Gott dazustehen, und sich von ihm die leeren Hände füllen lassen. Denn selig gepriesen werden diejenigen, die jetzt weinen. Sie sollen lachen (Lk 6,21; vgl. Mt 5,4). Die Evangelisten heben diesen beglückenden und befreienden Gehalt des Evangeliums hervor, indem sie betonen, wie Jesus auf die von Unsicherheit bestimmte Frage Johannes des Täufers geantwortet habe. Im Gefängnis hatte dieser durch Boten an Jesus die Frage gerichtet, ob er der sei, der kommen soll, oder ob man auf einen anderen warten müsse (Mt 11,3 par. Lk 7,20). In seiner Antwort weist Jesus auf die wunderbaren Ereignisse hin, die seine Verkündigung begleiten: „Blinde sehen und Lahme gehen, Aussätzige werden rein und Taube hören, Tote stehen auf" – darin werden die Verheißungen der Propheten erfüllt (vgl. Jes 29,18; 35,5f; 42,18 u.ö.). Ihren Höhepunkt aber erreicht diese Aufzählung noch nicht mit dem Hinweis auf das außerordentliche Ereignis, daß Tote auferweckt werden, sondern in dem abschließenden Satz: „Und Armen wird das Evangelium gepredigt." (Mt 11,5 par. Lk 7,22) Daß Arme, die nichts in Händen halten, selig genannt werden (vgl. Mt 5,3 par. Lk 6,20) – darin findet die frohe Botschaft, wie Jesus sie bezeugt und wie sie sich durch ihn verwirklicht, ihren kraftvollsten Ausdruck.

Der Evangelist Matthäus nimmt die nachdrückliche Betonung auf, wie sie im Markusevangelium gleich zu Anfang auf das Evangelium gelegt wird (Mk 1,1.14f), und hebt seinerseits hervor, daß Jesus in Galiläa umhergezogen sei und das Evangelium von der Herrschaft (Gottes) in Wort und Tat gepredigt habe (Mt 4,23 = 9,35). Mit dieser zusammenfassenden Charakterisierung kennzeichnet er Jesu Wirksamkeit zu Beginn und am Schluß einer langen Berichtsfolge von Taten und Worten Jesu, denen er damit grundsätzliche Bedeutung beimißt.

Vom Evangelisten Lukas wird das Motiv der Freude mit besonderer Betonung zur Geltung gebracht.[21] Wie er in seinem kunstvoll gestalteten Vorwort ansagt, will er in sorgfältiger Prüfung der ihm vorgegebenen Überlieferungen Bericht geben von den Ereignissen, „die sich unter uns zugetragen haben" (Lk 1,1–4). Das Motiv der Freude wird dann sogleich angeschlagen in den Worten, mit denen der Engel des Herrn die Geburt Johannes des Täufers ankündigt: sein Vater werde an ihm „Freude und Wonne haben, und viele werden sich über seine Geburt freuen" (Lk 1,14). Mit dem Ruf „Sei gegrüßt – und freue dich"[22] tritt der Engel Gabriel zu Maria und sagt ihr die Geburt eines Sohnes an (Lk 1,28). Diese seine Geburt wird dann mit dem hellen Fanfarenruf bekannt gemacht: „Siehe, ich verkündige euch große Freude, die allem Volk widerfahren wird. Denn euch ist heute der Heiland geboren, welcher ist Christus der Herr, in der Stadt Davids." (Lk 2,10f)

Wie der Evangelist Lukas den freudig stimmenden Inhalt des Evangeliums gleich zu Beginn seines Berichts mehrfach betont, so schließt er auch seine Erzählung mit der Bemerkung ab, die Jünger, denen der auferstandene Herr erschienen war, seien nach Jerusalem zurückgekehrt – an den Ort der Verheißungen und der Erwählung Israels, an dem die von ihm erzählte Geschichte begonnen hatte (Lk 1,5–25) – „mit großer Freude". Diese Freude habe sie fortan geleitet und den Lobpreis erfüllt, mit dem sie Gott die Ehre gaben (Lk 24,52f). So durchzieht der frohe Ruf und die Einladung zur Freude den gesamten Bericht, der über Jesu Wirksamkeit gegeben wird: Er ist der Freudenbote, der die frohe Kunde des Evangeliums ausruft und bezeugt.

Jesus der Freudenbote

Die Botschaft, die Jesus ausrichtet, ist fest an seinen Namen und sein Geschick gebunden. Sie läßt sich von ihm nicht ablösen und in eine allgemeine, auch zeitlos gültige Wahrheit umformen. Sondern die Ankündigung der anbrechenden Herrschaft Gottes verwirklicht sich in seinen Worten und in seinen Taten. Darum hatte der Evangelist Markus gleich im Eingang seines Buches gezeigt, daß der zentrale Inhalt der Verkündigung Jesu eben darin besteht, daß er frohe Botschaft ansagt, Evangelium, dessen Inhalt kein anderer als Jesus der Christus ist.

Im Lukasevangelium wird in einer eindrucksvoll gestalteten Szene der Anfang der öffentlichen Wirksamkeit Jesu dargestellt, indem die Leser in Jesu Heimatort Nazareth geführt werden, „wo er aufgewachsen war" (Lk 4,16). Dort ging Jesus – so heißt es – nach seiner Gewohnheit am Sabbath in die Synagoge und verlas einen Abschnitt aus dem Buch des Propheten Jesaja. Im Synagogengottesdienst wurden die biblischen Lektionen der Reihe nach von Männern vorgetragen, die einander abwechselten, damit möglichst viele an der ehrenvollen Aufgabe teilhaben könnten, der Gemeinde die biblische Botschaft nahezubringen. Jesus wählt für seine Lesung einen Prophetentext von programmatischer Bedeutung: „Der Geist des Herrn ist auf mir, weil er mich gesalbt hat, zu verkündigen das Evangelium den Armen; er hat mich gesandt zu predigen den Gefangenen, daß sie frei sein sollen, und den Blinden, daß sie sehen sollen, und den Zerschlagenen, daß sie frei und ledig sein sollen, zu verkündigen das Gnadenjahr des Herrn." (Lk 4,18f = Jes 61,1f)

Als Auslegung dieser prophetischen Worte spricht Jesus nur einen einzigen kurzen Satz, in dem jedoch alles gesagt ist, was zu sagen wichtig ist: „Heute ist dieses Wort der Schrift erfüllt vor euren Ohren." (Lk 4,21) Das bedeutet: Jenes befreiende Geschehen, das der Prophet vom zukünftigen Eingreifen Gottes erhofft, ist jetzt Wirklichkeit geworden. Die passive Formulierung von Erfüllt-Werden der Schrift deutet darauf hin, daß kein anderer als Gott selbst die Ankündigung des Propheten wahr gemacht hat.[23] Jesus hat Vergebung und Freiheit nicht nur angekündigt, sondern zu den Menschen, denen er gegenübertrat, gebracht.[24] Das erste Wort, das Jesus nach der Darstellung des Lukasevangeliums spricht, stellt ihn daher als den von Gott gesandten Zeugen heraus, der die Freudenbotschaft bringt, die deren Hörer Heil erfahren läßt. Heute – hier und jetzt wird diese frohe Kunde ausgerufen und zielt darauf, daß sie in glaubendem Vertrauen angenommen wird.

Jesus der Freudenbote – mit dieser Charakterisierung leitet jeder der drei Evangelisten Markus, Matthäus und Lukas seinen Bericht von Jesu Reden und Handeln ein (vgl. Mk 1,15; Mt 4,23; Lk 4,16-30). Was aus dieser Proklamation folgt, wird in einem kurzen Bericht veranschaulicht, der die nun anhebende Freudenzeit beschreibt. Jesus wird gefragt, warum seine Jünger nicht fasten, wie es die Jünger der Pharisäer tun (Mk 2,18 Par.). Die Gemeinschaft der Pharisäer, die sich um eine dem Gesetz Israels gemäße Lebensweise bemühten, hielten – aus freiem Entschluß – zweimal in der Woche strenges Fasten (vgl. Lk 18,12). Im Unterschied zu diesem frommen Einsatz konnte es verwunderlich erscheinen, daß Jesu Anhänger sich nicht an vergleichbare Regeln halten. Jesus aber antwortet auf die an ihn gerichtete Frage: jetzt sei Zeit eines Hochzeitsfestes. So lange, wie der Bräutigam da ist und die Feier, die alle Teilnehmer froh stimmt, andauert, wäre Fasten fehl am Platz (Mk 2,19 Par.). Später werde eine andere Zeit kommen, zu der der Bräutigam nicht mehr da ist, dann könne man fasten (Mk 2,20 Par.). Jetzt ist – wie im anschaulichen Bildwort ausgesagt wird – zur festlichen Freude geladen, wie man sie bei einer Hochzeit allseits empfindet.[25] Zwar wird das Wort „Freude" nicht genannt, doch in aller Deutlichkeit wird angezeigt: Wie eine Hochzeit Freudenzeit bedeutet, so auch die Gegenwart Jesu.[26] Sie läßt es nicht zu, mit trauerndem Ernst zu fasten, sondern ruft zur Mitfreude auf. Weil Jesus der Freudenbote ist, sollen seine Leute in die Freude einstimmen, die in seiner Proklamation der anhebenden Gottesherrschaft aufleuchtet.

Jesu Jünger sind – so heißt es Lk 10,17 – beeindruckt von den Wundertaten, die sich vor ihren Augen zugetragen haben. Auch die bösen Geister konnten im Namen Jesu zu Boden geworfen werden. Es entsprach endzeitlicher Erwartung, wie sie in damaliger Zeit in Kreisen der Frommen lebendig war, daß der Satan und seine bösen Geister aus dem Himmel hinausgeworfen und ins Verderben gestürzt werden sollen. Daher bedeuten die Erfahrungen, von denen Jesu Leute sprechen, für sie berechtigten Anlaß zur Freude. Jesus bestreitet dies nicht, aber er gibt der Freude einen weitaus festeren Grund und setzt diesen durch ein deutliches „Aber" von der zunächst genannten Freude ab: „Freut euch aber, daß eure Namen im Himmel geschrieben sind." (Lk 10,20) Auch in diesem Satz stehen Vorstellungen im Hintergrund, die die Endzeit betreffen: im Himmel werde von Engeln Gottes Buch geführt, in dem alles Wichtige, was sich im Leben der Menschen zugetragen hat – ihre Taten, aber auch ihre Versäumnisse –, verzeichnet wird. Nach diesen Aufzeichnungen soll dann im Jüngsten Gericht das Urteil des himmlischen Richters gesprochen werden (vgl. Offb Joh 3,5; sowie 13,8; 17,8; 20,12.15; 21,27; ferner Phil 4,3). Diese Metapher von den himmlischen Büchern wird im Wort Jesu aufgenommen:

Unsere Namen geraten bei Gott nicht in Vergessenheit, sondern sind unverwischbar festgehalten; werden und sind doch die Seinen bei ihren Namen gerufen (vgl. Jes 43,1). Darum können sie aller Furcht absagen und sich ungeteilt freuen.[27]

Mit diesem Wort Jesu wird der Freude eine feste Begründung gegeben, die ungleich tragfähiger ist als alles andere, das Anlaß zu Frohsinn geben könnte. Die Freude der Jünger Jesu erwächst aus dem Zuspruch der Gegenwart Gottes, der anbrechenden Zeit des Heils, dessen Stunde mit dem Kommen Jesu geschlagen hat. Darauf können sie sich allezeit verlassen.[28]

Im Lukasevangelium wird an diesen kurzen Abschnitt eine Darstellung angeschlossen, die Jesus noch einmal mit kraftvollen Worten als den Freudenboten charakterisiert. Diese Worte, die sich bei Matthäus an anderer Stelle finden (Lk 10,21f par. Mt 11,25–27), sind vom hellen Licht österlichen Glanzes überstrahlt. In einem an Gott, den Vater und Herrn des Himmels und der Erde, gerichteten Jubelruf sagt Jesus dafür Dank, daß der Triumph über den Satan und die bösen Geister vor den Weisen und Klugen verborgen ist. Allein den Unmündigen, die in vertrauendem Zutrauen sich vom Freudenboten zur Freude anstiften lassen, hat Gott dies offenbart. Doch Gottes Geheimnis wird nur denen offenbar, die Ohren haben zu hören und Augen zu sehen (vgl. Mk 4,12 Par.). Das aber sind die „Armen" und „Unmündigen".[29] Sie begreifen, was in Jesu Worten und Taten zu erkennen ist: die Proklamation der großen Freude, zu der der Freudenbote aufruft.

Die übergroße Freude

Im 15. Kapitel des Lukasevangeliums folgen drei Gleichnisse aufeinander, die eines nach dem anderen von der überwältigenden Freude erzählen, die da Platz greift, wo verloren Gegangenes wiedergefunden wird und dadurch dankbarer Jubel ausgelöst wird. Dabei wird in den aneinander gereihten Erzählungen eine deutliche Steigerung zum Ausdruck gebracht: vom Auffinden des verlorenen Schafes über die Entdeckung des verlorenen Groschens bis zur Heimkehr des verlorenen Sohnes. Die Hörer dieser drei Gleichnisse kennen die Erfahrung, wie schmerzlich der Verlust eines wichtigen und geschätzten Gegenstandes oder gar eines geliebten Menschen treffen kann. Doch wie groß ist dann die Freude des Wiederentdeckens oder der ersehnten Heimkehr eines verloren geglaubten Menschen. Wer diese Erfahrung gemacht hat, wird daher in den Ruf zur Freude einstimmen können, wie er in diesen drei Geschichten mit hellen Klang angestimmt wird.

Die beiden voranstehenden Gleichnisse sind jeweils in einen einzigen Satz gefaßt, der als Frage an die Hörer gerichtet ist: Wie steht es – so wendet sich Jesus an die ihn umgebenden Leute: Wenn jemand von hundert Schafen eines verloren hat, wird der nicht die neunundneunzig in der Steppe zurücklassen – er muß sie freilich der Obhut eines anderen für diese Zeit anvertrauen – und sich auf die Suche nach dem einen verlorenen Schaf begeben? Dabei wird er keine Mühe scheuen und auch den Gefahren unwegsamen Geländes nicht ausweichen. Er wird so lange umherziehen und suchen, bis er das verängstigte Tier gefunden hat. Dann aber wird er es auf seine Schultern legen und heimtragen. Zu Hause angekommen, wird er seine Freunde und Nachbarn zusammenrufen und ihnen zurufen: „Freut euch mit mir; denn ich habe mein Schaf gefunden, das verloren war." (Lk 15,4–6; vgl. Mt 18,12–14)

Dieser Frage, in die die kurze Erzählung gefaßt ist, kann sich niemand verschließen, sondern jeder wird antworten: Ja, so wird es sein, und so geht die Geschichte glücklich aus. Jesus kann daher die Schlußfolgerung ziehen und sagen: „So wird auch Freude im Himmel sein über einen Sünder, der umkehrt, mehr als über neunundneunzig Gerechte, die Umkehr nicht nötig haben." (Lk 15,7) Ehrfürchtiger Redeweise folgend, wie sie in seiner Zeit unter frommen Juden eingehalten wurde, achtet dieses

Wort die Hoheit des barmherzigen Gottes so hoch, daß er nicht beim Namen genannt, sondern durch eine Umschreibung charakterisiert wird: Im Himmel wird Freude sein. So freut sich Gott mehr über die Heimkehr eines verloren geglaubten Menschen als über das korrekte Verhalten von neunundneunzig „Gerechten". Mögen die Frommen daran Anstoß nehmen, daß Jesus zu Menschen geht, die sich Gott entfremdet oder ihn ganz verloren haben, Gott freut sich über die Heimkehr eines Verlorenen. Gottes Barmherzigkeit behält das letzte Wort. Gott will die Rettung des Verlorenen – auf diese Botschaft läuft das Gleichnis hinaus. Wie der Hirt sich über sein wiedergefundenes Schaf freut, so freut sich Gott über die Rettung des Verlorenen.[30]

Freude über das Auffinden des Verlorenen – wer kann nicht mit jener Frau mitfühlen, die von zehn Geldstücken eines verloren hat? Im alten Orient wurde einer jungen Frau ein – in der Regel bescheidener – Brautschatz mit in die Ehe gegeben, den sie meist als mit Münzen besetzten Kopfschmuck trug.[31] Dieses kleine Vermögen blieb in der Ehe ihr Eigentum, auf das sie notfalls zurückgreifen konnte, wenn ihre Ehe zerbrach. Der Verlust eines von zehn Geldstücken mußte sie empfindlich treffen, so daß sie sich sogleich emsig auf die Suche begibt. Im dunklen, fensterlosen Raum ihres kleinen Hauses war es freilich mühsam, dabei erfolgreich sein zu können. Man wird es sich so vorzustellen haben, daß sie mit einem Palmzweig den Boden fegt, bis man es klirren hört. Nervös und beunruhigt versucht die Frau, auf diese Weise fündig zu werden.[32] Endlich findet sie, was verloren gegangen war, und wird von Freude überwältigt. Sogleich ruft sie ihre Nachbarinnen und Freundinnen zusammen und lädt sie ein: „Freut euch mit mir; denn ich habe meinen Silbergroschen gefunden, den ich verloren hatte." (Lk 15,9)

Was solche Freude bedeutet, können die Hörer sogleich verstehen: Jeder wird solche Einladung gern annehmen und daran teilhaben, daß das Finden des Verlorenen zur Mitfreude anstiftet. Wie zum Gleichnis vom verlorenen Schaf wird auch hier die Schlußfolgerung gezogen: „So wird Freude sein vor den Engeln Gottes über einen Sünder, der umkehrt." (Lk 15,10) Wieder wird die Hoheit des Gottesnamens respektvoll geachtet. Freude „vor den Engeln Gottes" ist Freude vor Gottes Thron. Gott kann sich freuen, und er freut sich. Will er doch die Rettung der Verlorenen, die er in seiner großen Barmherzigkeit nicht aufgegeben hat.

Ein drittes Mal wird neu angesetzt und eine Geschichte erzählt, die nicht vom Verlust eines Tieres oder eines Gegenstandes handelt, sondern von dem eines geliebten Sohnes (Lk 15,11–32). Sein Vater hatte sich nicht gegen den Wunsch gesperrt, dem Sohn vorzeitig seinen Anteil am Erbe auszuzahlen und ihn in die Fremde ziehen zu lassen. Dort aber vertat der Sohn in kurzer Zeit, was er an Geld besaß, und geriet ins Elend. In seiner Verzweiflung, die ihn überkam, gelangt er zur Einsicht und faßt den Entschluß: „Ich will mich aufmachen und zu meinem Vater gehen und zu ihm sagen: Vater, ich habe gesündigt gegen den Himmel und vor dir. Ich bin hinfort nicht mehr wert, daß ich dein Sohn heiße; mache mich zu einem deiner Tagelöhner.[33] (Lk 15,18f)

Wie wird der Vater reagieren? Offensichtlich hat er immer wieder voller Sehnsucht Ausschau gehalten, ob der Sohn nicht doch eines Tages ins Elternhaus zurückkehren werde. Als er schließlich in der Ferne sichtbar wird, zögert der Vater keinen Augenblick. Er geht ihm nicht würdevoll entgegen, wie ein Respekt gebietender alter Vater im Orient tun würde,[34] sondern er vergißt alle Regeln der Sitte und läuft dem Sohn entgegen, um ihm um den Hals zu fallen und ihn zu küssen – Annahme als Sohn, der nicht als Tagelöhner Dienst tun, sondern wieder seinen Platz als Sohn an der Seite des Vaters einnehmen soll. Dann weist der Vater seine Knechte an, ein Festmahl zuzurüsten und sich mit ihm zu freuen, zu essen und fröhlich zu sein: „Denn dieser mein Sohn war tot und ist wieder lebendig geworden;

er war verloren und ist gefunden worden." (Lk 15,24)

Die Kritik des älteren Bruders, der dem Vater dieser Reaktion wegen Vorwürfe macht, weist der Vater zurück, indem er auch ihn zur Mitfreude aufruft: „Du solltest fröhlich und guten Mutes sein; denn dieser dein Bruder war tot und ist wieder lebendig geworden, er war verloren und ist wiedergefunden." (Lk 15,32) So endet die Erzählung mit einem offenen Schluß, erfahren die Hörer doch nicht, ob dieses Werben um die Mitfreude des älteren Bruders Erfolg hatte oder – wie man befürchten muß – ins Leere stieß. Die Kritik, die die Frommen an Jesu Verhalten übten, wird von ihm abgewiesen und mit dem Hinweis auf Gottes barmherzige Liebe beantwortet. In seinem Gleichnis schildert Jesus in überwältigender Schlichtheit: „So ist Gott, so gütig, so gnädig, so voll Erbarmen, so überfließend von Liebe. Er freut sich über die Heimkehr des Verlorenen wie der Vater, der das Freudenfest veranstaltet."[35]

Dieser Freude Gottes wohnt ansteckende Kraft inne. Am Ende der Tage ruft der Richter über Lebende und Tote diejenigen, die sich ihren Nächsten liebevoll zugewandt und ihnen geholfen haben, in seine Freude (Mt 25,21.23). Als der vom barmherzigen Gott bevollmächtigte Freudenbote lädt Jesus dazu ein, an Gottes übergroßer Freude teilzuhaben und sich an Gottes grenzenloser Barmherzigkeit zu freuen – nicht kleinliche Abrechnungen vorzunehmen, sondern sich anstiften zu lassen zur überwältigenden Freude, die das Leben von Grund auf erneuert.

Welche Folgen diese übergroße Freude auslöst, veranschaulicht Jesus in zwei knapp gefaßten Gleichnissen. Wie verhält es sich mit dem Kommen der Gottesherrschaft? Jesus sagt: Das ist so wie in folgender Geschichte. Da findet jemand – offensichtlich durch zufällige Entdeckung – einen kostbaren Schatz in einem Acker. Überwältigt von Schönheit und Wert dieser Entdeckung, geht er hin, verkauft alles, was er besitzt, und kauft diesen Acker. (Mt 13,44) Nach altem Recht gehörten wertvolle Funde, die jemand auf einem Grundstück macht, dem Besitzer des Grundstückes.[36] Durch den Erwerb des Ackers, in dem der Käufer den überraschenden Fund gemacht hatte, geht dieser zu Recht in sein Eigentum über. „In seiner Freude" hat er gehandelt und alles daran gegeben, um die überaus wertvolle Entdeckung in seinen Besitz zu bringen. So ist es – will Jesus sagen – mit dem Kommen der Gottesherrschaft. „Die frohe Botschaft von ihrem Anbruch überwältigt, schenkt die große Freude."[37]

Nicht anders – so wird in einem zweiten, gleichfalls äußerst kurz gehaltenen Gleichnis hinzugefügt – erging es einem Kaufmann, der von einem außerordentlichen Fund überrascht wurde. Er findet eine kostbare Perle, deren Wert er offensichtlich sogleich richtig einschätzen kann, und verkauft alles, was sein eigen ist, und kauft diese Perle. Auch diese kleine Erzählung steht unter dem Vorzeichen der überwältigenden Freude der Entdeckung. Wer begreift – will Jesus sagen –, daß mit dem Kommen der Gottesherrschaft eine hell strahlende Freude anbricht, die alles andere weit übertrifft, der wird von ihr überwältigt und wird alles daran setzen, um an dieser jubelnden Erfahrung teilzuhaben. Denn die Freudenbotschaft, wie der Freudenbote sie ausruft, bedeutet die schönste Einladung, den wertvollsten Schatz, den man sich überhaupt denken kann. Die übergroße Freude, mit dieser unvergleichlichen Kostbarkeit beschenkt zu werden, erfüllt daher das ganze Leben der Jünger Jesu, die sich seinem Zuruf geöffnet und mit ihm auf den Weg gemacht haben.

Einladung zur Freude

Freudige Annahme des zugesprochenen Wortes ist die einzig angemessene Reaktion derer, die es vernommen haben.[38] (Mk 4,16 Par.) Dabei kommt es jedoch darauf an, daß diese Freude sich nicht alsbald als ein Strohfeuer erweist, das rasch wieder verlischt. Freude, wie sie die Botschaft von der anhebenden Gottesherrschaft auslöst, will vielmehr nachhaltig sein und beständig bleiben, damit Leben und Handeln der Jünger Jesu von ihr bestimmt und geleitet sind.

Nicht vordergründig beeindruckende Erlebnisse, sondern die überwältigende Erfahrung von Gottes barmherziger Nähe löst dauerhafte Freude aus und verleiht ihr Kraft zum Durchhalten (s.o. S. 28). Das ist die Freude, wie man sie am Beispiel des Lobgesangs ablesen kann, den Maria in Erwartung der wunderbaren Geburt des verheißenen Retters anstimmt: „Meine Seele erhebt den Herrn, und mein Geist freut sich Gottes, meines Heilands." (Lk 1,46f) Es ist die Freude, die der Geist von Pfingsten unter denen bewirkt, die im Glauben an den auferstandenen Herrn in den Jubel des Psalmisten einstimmen: „Darum ist mein Herz fröhlich, und meine Zunge frohlockt; auch mein Leib wird ruhen in Hoffnung." (Apg 2,26: Ps 16,9) Es ist die Freude, die alle Bereiche des Lebens durchstrahlt.

Von Freude erleuchtete Augen wissen daher auch die Schriften, wie sie im Alten Testament der Christenheit vorgegeben sind, mit neuer Erkenntnis und vertiefter Einsicht zu betrachten: „Daß die Kreatur den Schöpfer mit Jauchzen ehrt: die Sterne, da er die Erde gründete; die Sonne, sie läuft wie ein Held; das Feld und die Acker-Erde, von Gott gesegnet; – daß Himmel und Erde, Berge, Steppe und Einöde frohlocken, da sie die Taten sehn, die er den Seinen tut; – daß er alle Freude schafft und schenkt, die uns Menschen verbindet, die Freude der Arbeit und der Jugend, die Freude der Mutter, die Freude von Mann und Frau, die Freude zwischen Vater und Sohn, die Freude der Wohlfahrt und des Gedeihens; daß er ,ein fröhlich Herz' schenkt."[39]

Die Jünger Jesu lassen sich von ihm als dem Freudenboten zu der zuversichtlichen Gewißheit einladen, daß sie sich nicht zu sorgen haben um ihr Leben – weder um das, was sie essen, noch um das, was sie trinken werden; auch nicht um den Leib, was man anzuziehen habe. „Ist nicht das Leben mehr als die Nahrung und der Leib mehr als die Kleidung? Seht die Vögel unter dem Himmel an; sie säen nicht, sie ernten nicht, sie sammeln nicht in die Scheunen, und euer himmlischer Vater ernährt sie doch." (Mt 6,25f par. Lk 12,22f) „Darum sollt ihr nicht sorgen und sagen: Was werden wir essen? Was werden wir trinken? Womit werden wir uns kleiden? Nach dem allen trachten die Heiden. Denn euer himmlischer Vater weiß, daß ihr all dessen bedürft." (Mt 6,31f par. Lk 12,29f)

Die Freude der Jünger Jesu gründet sich auf die Zuversicht, daß der barmherzige Gott sie allezeit versorgt, so daß sie selbst in Zeiten von Not und Verfolgung sich seiner Zuwendung getrösten können. Sie folgen damit dem Zuspruch ihres Herrn: „Selig seid ihr, wenn euch die Menschen um meinetwillen schmähen und verfolgen und reden allerlei Übles gegen euch, wenn sie damit lügen. Seid fröhlich und getrost; es wird euch im Himmel reichlich belohnt werden. Denn ebenso haben sie verfolgt die Propheten, die vor euch gewesen sind." (Mt 5,11f par. Lk 6,22f)

Freude auch im Leiden – diese Zuversicht wird auch in urchristlicher Ermahnung ausgesprochen, mit der die Christen dazu ermutigt werden, selbst in Zeiten äußeren und inneren Leidens getrost zu bleiben.[40] Denn wenn die kommende Herrlichkeit anbricht, „dann werdet ihr euch freuen, die ihr jetzt eine kleine Zeit, wenn es sein soll, traurig seid in mancherlei Anfechtungen". (1. Petr 1,6) Darum werden sie aufgefordert: „Freut euch, daß ihr mit Christus leidet, damit ihr auch zur Zeit der Offenbarung seiner Herrlichkeit Freude und Wonne haben mögt."[41] (1. Petr 4,13) Mit diesem Gedanken, daß die Freude auch im Leiden festen Bestand haben wird, werden Überlieferungen aufgenommen, wie sie im Judentum in der Zeit der Makkabäerkämpfe in Zeiten schwerer Bedrohung ausgebildet wurden.[42] Doch

während jüdischen Märtyrern Trost zugesprochen
wurde, indem sie auf die zukünftige Herrlichkeit
verwiesen wurden, weiß urchristliche Ermahnung –
dem Tenor der Herrenworte folgend – gegenwärtig
hier und jetzt erfahrenen Trost zuzusprechen. Das
Leiden der Seinen wird um Christi willen aufgenommen und getragen. Die unlösliche Gemeinschaft
mit ihrem Herrn aber läßt die Seinen auch im Leid
die überwältigende Freude der Zugehörigkeit zu
Christus erfahren. Durch den Freudenboten sind sie
zur übergroßen Freude gerufen, die ihnen auch in
dunklen Tagen des Leidens nicht wieder genommen
werden kann.[43]

Gehilfen der Freude

Die Freude in den Briefen des Apostels Paulus

In den Briefen, die der Apostel Paulus an verschiedene Gemeinden geschrieben hat, ist immer wieder von der Freude die Rede – gleichsam ein Thema mit mannigfachen Variationen. Denn Paulus versteht seinen apostolischen Auftrag als Dienst an den Gemeinden, den er als „Gehilfe der Freude" auszurichten hat (2. Kor 1,24). Als solcher will er nicht über die Glaubenden herrschen oder ihnen drückende Vorschriften auferlegen. Vielmehr möchte er dazu helfen, daß der Glaube gestärkt werde und Freude sich entfalten kann. Die Freude der Christen aber wird als ein Geschenk des Geistes begriffen, die dieser weckt. Gottes gegenwärtiges Handeln, wie es durch die Verkündigung des Apostels wirksam ist, bringt eine reiche Fülle von Gaben hervor, unter denen der Freude vornehmer Rang zukommt (Gal 5,22).

Durch seine Berufung zum Apostel und Diener Jesu Christi weiß Paulus sich beauftragt, das Evangelium zu predigen. Gott selbst hat ihm seine Gnade zugewandt und ihm seinen Sohn offenbart, damit er ihn verkündige (Gal 1,15f). Dieser Ruf Gottes hat ihn mit solcher Kraft und Bestimmtheit getroffen, daß er sich ihm nicht entziehen kann – selbst wenn er es versuchen wollte. „Wehe mir, wenn ich das Evangelium nicht predige" – so erläutert Paulus gegenüber der Gemeinde in Korinth den ihm erteilten Auftrag. Für dessen Erfüllung kann und darf er keinen Lohn erwarten. Sein Lohn besteht vielmehr darin, daß er das Evangelium ohne Lohn ausrichtet und von dem Recht, wie es einem beauftragten Boten durchaus zustehen würde, keinen Gebrauch macht (1. Kor 9,15f). Paulus beansprucht daher gegenüber seinen Gemeinden nicht, daß sie für seinen Unterhalt aufkommen müßten. Sondern mit seiner eigenen Hände Arbeit verdient er sein Brot selbst, damit sein Dienst von jeder äußeren Belastung frei und unabhängig bleibt.

Den Inhalt der ihm aufgetragenen Verkündigung gibt Paulus mit dem wiederholten Hinweis auf das eine Evangelium an, das den gekreuzigten und auferstandenen Christus bezeugt und ihn als Sohn Gottes und Herrn ausruft (s.o. S. 17–24). Diese Botschaft haben alle Prediger, die in der frühen Christenheit Dienst tun, öffentlich zu bezeugen. Mag es hier oder da Unterschiede der Meinungen geben, so weiß Paulus sich doch mit allen anderen Boten – vornehmlich Petrus und den Zwölf – einig in dem sie alle verbindenden Verständnis der einen frohen Botschaft (1. Kor 15,11).

Diese Verkündigung soll und wird Freude wecken. Denn wo die erneuernde und in Pflicht nehmende Kraft des Evangeliums wirksam wird, da erwächst Freude. Diese Freude wird nicht als Frohsinn aufgefaßt, wie er an guten Tagen unter Menschen sich ausbreiten kann. Vielmehr versteht Paulus unter dem Wort Freude immer das vom Geist Gottes gewirkte Geschenk, eben die „Freude des Glaubens" (Phil 1,25).[44] Die Aufgabe, der der Apostel sich bindend verpflichtet weiß, zielt daher darauf, dahin zu wirken, daß diese Freude wachse und weiter um sich greife (ebda.). Ohne diese Freude kann sich keine Hoffnung ausbreiten. Deshalb kann Paulus sagen, daß die anderen, die an dieser Freude nicht teilhaben, in der Tat keine Hoffnung haben (1. Thess 4,13).

Die Christen wissen, daß ihr Herr kommt und sie darum auf ein deutlich bezeichnetes Ziel zugehen. Die Begriffe „Freude" und „Hoffnung" rücken daher im Verständnis des Apostels nah aneinander. Den Christen in Rom wünscht er, „der Gott der

Hoffnung möge sie erfüllen mit aller Freude und Frieden im Glauben, so daß ihr immer reicher werdet in der Hoffnung durch die Kraft des Glaubens" (Röm 15,13). Die weit ausgreifenden Ausführungen seines Schreibens schließt der Apostel mit diesem voll klingenden Gebetswunsch ab. Darin werden die Begriffe „Hoffnung", „Freude", „Frieden" und „Kraft des heiligen Geistes", die Paulus des öfteren verwendet, noch einmal in gedrängter Formulierung miteinander verbunden. Indem er sie fest zusammenfügt, lenkt der Apostel die Aufmerksamkeit seiner Leser noch einmal in knapper Zusammenfassung auf die ihnen zugesprochene Botschaft. Sein Blick wendet sich der Zukunft zu. Indem er auf den Begriff der Hoffnung so starken Nachdruck legt, greift Paulus ein soeben zitiertes Wort der Schrift auf – die Heiden werden auf den verheißenen Retter hoffen (Röm 15,12 b=Jes 11,10) – und unterstreicht er, worin sich der verläßliche Grund der Freude findet: „Freut euch in der Hoffnung."

Am Beispiel Abrahams erläutert der Apostel, welche Kraft dieser Hoffnung innewohnt, auf die die Freude der Glaubenden sich gründet. Abraham vertraute der Zusage seines Gottes auch da, wo ihm mit der Hingabe des einzigen Sohnes der schwerste Auftrag in seinem Leben erteilt wurde. Er verließ sich fest auf die Zusage, er solle ein Vater vieler Völker werden, und vertraute damit auf den Gott, „der die

Toten lebendig macht und das ruft, was nicht ist"
(Röm 4,17). Damit hat er geglaubt auf Hoffnung,
„wo nichts zu hoffen war, daß er der Vater vieler
Völker werden solle" (Röm 4,18). Diese Hoffnung
hat Martin Luther in seiner Vorlesung über den
Römerbrief mit einer Erklärung versehen, die den
Sinn der paulinischen Aussage eindrucksvoll erfaßt:
Unter Menschen übliche Hoffnung ist in aller Regel
auf Erwartungen gegründet, für deren Erfüllung
sichere Möglichkeiten und Voraussetzungen beste-
hen. Die Hoffnung der Christen aber „ist unter lauter Nein gewiß. Denn sie weiß, daß kommen muß
und nicht verhindert werden kann, was man hofft.
Denn Gott kann niemand hindern."[45]

Wo das Evangelium von der Barmherzigkeit Gottes,
die er uns in Christus zugewandt hat, in vertrauendem Glauben angenommen und auch in schweren
Tagen festgehalten wird, da herrscht „Freude im
heiligen Geist" (1. Thess 1,6). Der Apostel aber
„kommt mit Freude" zu den Gemeinden (Röm
15,32) und weiß sie in der getrosten Gewißheit zu
stärken, daß nichts, aber auch gar nichts – „weder
Tod noch Leben, weder Engel noch Mächte noch
Gewalten, weder Gegenwärtiges noch Zukünftiges,
weder Hohes noch Tiefes noch irgendeine andere
Kreatur" – „uns scheiden kann von der Liebe Gottes,
die in Christus Jesus ist, unserem Herrn" (Röm
8,38f).

Die Freude, die durch den apostolischen Auftrag geweckt wird, erfaßt alle Bereiche des Lebens: „die Freude an Gottes Werk … die Freude, daß die Trennung zwischen Juden und Heiden … überwunden wird; die Freude der Heiden, daß auch sie zu Gottes Herrschaft gehören; die Freude der Boten über Gemeinden" … die Freude darüber, daß die Wahrheit den Sieg behält und die Gemeinden in der Wahrheit wandeln. (Gal 2,5.14)[46] Freude strahlt auf, wo die Barmherzigkeit Gottes zugesprochen wird; – „Freude mitten in der Verfolgung" … lebendige Freude „auch und gerade da …, wo Trauer, Angst und Not zu siegen scheint".[47] Denn die Herrschaft Gottes – Paulus nimmt hier den auf die Verkündigung Jesu zurückgehenden, urchristlichen Begriff auf (vgl. Mk 1,15 Par.) – „ist Gerechtigkeit und Friede und Freude im heiligen Geist" (Röm 14,17). Gaben des barmherzigen Gottes kennzeichnen die Gottesherrschaft: die Gerechtigkeit als das rechte Verhältnis zu Gott, der Friede als die zuteil gewordene Versöhnung (vgl. Röm 5,1) und die Freude über die erfahrene endzeitliche Rettung. Sie machen miteinander die Wirklichkeit der neuen Schöpfung aus, die durch die Herrschaft Gottes heraufgeführt wird.

Dankbare Freude

In seinen Briefen läßt der Apostel Paulus auf Gruß und Gnadenwunsch, mit denen er seine Schreiben zu eröffnen pflegt, stets Worte dankbaren Gebets folgen, durch die er anzeigt, warum und worüber er sich freuen und Gott danken kann. Formal folgt er dabei antikem Briefstil, nach dem man ein Schreiben mit Dank an die Götter bzw. die Gottheit einzuleiten pflegte.[48] In diesen Sätzen wurde versichert, daß die Gottheit in beständiger Treue angerufen werde und daher auch das Verhältnis zu nahe oder auch ferner stehenden Menschen im Aufblick zu Gott zu betrachten sei. Dann schloß sich stets eine Begründung an, in der auf bestimmte Wohltaten oder das gnädige Handeln der Gottheit hingewiesen wurde. Und schließlich wurde hervorgehoben, daß der Briefschreiber im Gedenken an die Adressaten von Dankbarkeit erfüllt sei. Diese Form der Danksagung hat auch in das hellenistische Judentum Eingang gefunden, so daß ein Brief häufig mit einem Dankeswort eingeleitet wurde, das an den Gott Israels gerichtet ist. So heißt es z.B. in einem Schreiben, das die Juden in Jerusalem an die Juden in Ägypten schickten, im einleitenden Abschnitt: „Wir danken Gott sehr, daß er uns ... aus großer Not erlöst hat" (2. Makk 1,11).

Wenn Paulus seine Briefe mit einer ausdrücklichen Danksagung einleitet, die er zu Gott spricht,[49] so bedient er sich nicht nur antiken Briefstils, sondern antwortet er zuerst und vor allem auf die erfahrene Barmherzigkeit Gottes, die den Grund der Freude ausmacht. Gott hat er die Ehre zu geben und ihn zu preisen für alles, was er der Gemeinde hat zuteil werden lassen. Der Dank wird für die empfangenen Gaben ausgesprochen und erfährt daher seine überzeugende Begründung, indem diese Gaben ausdrücklich genannt werden. So führt Paulus im Eingang des Römerbriefes aus, daß er für den Glaubensstand seiner Adressaten Dank zu sagen und die Briefempfänger daher zu loben hat. Auf diese Weise wird enge Verbindung zu ihnen hergestellt, denkt der Apostel doch ständig an sie in der Hoffnung, bald zu ihnen kommen und sie in naher Zukunft besuchen zu können (Röm 1,9f). Damit aber geht dann die Danksagung in Fürbitte über, die auf baldige Begegnung mit den Christen in Rom hofft, bei der es zu wechselseitiger Stärkung und Ermutigung kommen möge (Röm 1,11–13). Der Dienst, den der Apostel kraft des ihm anvertrauten Auftrags am Evangelium zu versehen hat, hat Früchte gezeigt, über die man sich miteinander ungeteilt freuen darf (Röm 1,8f). Mit freudigem Lob Gottes haben deshalb Apostel und Gemeinde alle Worte einzuleiten, die sie einander zu sagen haben (vgl. 1. Thess 1,2; 1. Kor 1,4; 2. Kor 1,3; Phil 1,3; Phm 4). Lob und Dank, wie sie den Inhalt der Fürbitte bestimmen, in der Paulus sich seinen Gemeinden verbunden weiß, sind vom Geist Gottes gewirkt.[50] Denn „Gottes vorausgehende Tat ist die Voraussetzung dafür, daß man zur" Danksagung aufrufen kann:[51] „Seid dankbar in allen Dingen." (1. Thess 5,18)

Im Kolosserbrief, der von einem Schüler des Apostels abgefaßt wurde, kann es daher im Blick auf die Lebensführung, die die Christen im Alltag zu bewähren haben, heißen: „Seid dankbar." (Kol 3,15) Diese Aufforderung zielt nicht lediglich darauf, daß man dankbare Gesinnung empfinden und diese im Gebet zu Gott aussprechen möge. Sondern die Gemeinde soll Dank sagen, indem sie sich preisend und lobend zu Gott bekennt, der sie aus der Gewalt der Finsternis errettet und in den Herrschaftsbereich seines geliebten Sohnes versetzt hat (Kol 1,12f). Im Bereich des einen Leibes Christi, d.h. seiner Kirche, soll die von Dank erfüllte „Eucharistie" (= Danksagung) laut werden, indem der hymnische Lobpreis angestimmt wird, durch den Christus als „das Bild des unsichtbaren Gottes" und „Herr aller Herren" verherrlicht wird (vgl. den hymnischen Lobpreis in Kol 1,15–20).

Diese Freude wird im Lobgesang, den die Gemeinde im Gottesdienst anstimmt, in Worte gefaßt. Dieser Gesang nimmt seine Sprache aus den biblischen

Psalmen, aber auch aus Liedern, mit denen die Christenheit ihren Herrn preist und sich singend zu ihm bekennt (1. Kor 14,26; vgl. auch Kol 3,16; Eph 5,19).

Der Gottesdienst in den Synagogen, wie er Paulus und den ersten Christen von Jugend auf vertraut war, wird von dankbarer Freude und lautem Jubel erfüllt. Die Freude, die dabei ausgesprochen wird, gründet sich auf das Gesetz, das der Gott Israels seinem Volk gegeben hat.[52] Durch die Thora hat Gott Israel vor allen Völkern ausgezeichnet und seine Erwählung bekräftigt. Das Gesetz macht daher Ehre und Schmuck Israels aus und bedeutet Quelle allen Heils und Lebens. Die Thora ist und bleibt das Unterpfand der göttlichen Liebe zu Israel.[53] Diese Freude über die Gabe der Thora wird im Gottesdienst zum Ausdruck gebracht, indem die Gesetzesrolle mit betonter Feierlichkeit geöffnet und zur Verlesung gebracht wird.[54] Die jeweilige Lesung wird dann mit dem Lobspruch beendet: „Gepriesen seist du, Herr unser Gott, König der Welt, der uns die Thora der Wahrheit gegeben und ewiges Leben in uns gepflanzt hat."[55]

Die Freude, mit der die versammelte Gemeinde die Worte des Gesetzes aufnimmt, wurde in der babylonischen Judenschaft auch dadurch betont, daß der einjährige Zyklus der zu verlesenden biblischen

Abschnitte mit dem 23. Tischri endete und dieser den Namen „Gesetzesfreude" erhielt.[56]

Nach dem Verständnis des Apostels Paulus gilt auch für die christlichen Gemeinden, daß das Gesetz heilig und Gottes Gebot heilig, gerecht und gut ist (Röm 7,12). Doch die Freude, die das Leben der Glaubenden erfüllt, erwächst nicht aus dem Gesetz, sondern wird ausschließlich durch die Zugehörigkeit zu ihrem Herrn und Retter begründet.

Freude im Herrn

Im Brief, den er aus der Gefangenschaft an die Gemeinde in Philippi schreibt,[57] schlägt der Apostel das Thema Freude als ein bestimmendes Leitmotiv an. Er befindet sich zwar in einer höchst mißlichen Lage und weiß als Gefangener nicht, ob er noch einmal freikommen und wieder Verbindung mit den Christen in Philippi aufnehmen kann. Doch er steht zu ihnen in einem besonders herzlichen Verhältnis. Obwohl er sonst streng darauf bedacht ist, die Verkündigung des Evangeliums nicht mit aufwendigen Lasten zu beschweren, sondern sich seinen Lebensunterhalt selbst zu verdienen, hat Paulus von den Philippern zweimal Gaben dankend entgegengenommen, die sie ihm nach Thessalonich geschickt haben. Dafür sagt er ihnen geziemenden Dank (Phil

4,15–18). Ihnen gegenüber kann er aber auch in aller Offenheit aussprechen, wie es um ihn bestellt ist und welche Gedanken ihm jetzt durch den Kopf gehen.

Obwohl seine Lage durchaus zu Besorgnis Anlaß bietet, betont Paulus gleich im Eingang seines Schreibens, daß das fürbittende Gebet, mit dem er in steter Treue der Gemeinde gedenkt, von Freude getragen ist – Freude „für eure Gemeinschaft am Evangelium vom ersten Tage an bis heute" (Phil 1,4f). Nicht nur die ihn fesselnden Bande, sondern auch betrübliche Nachrichten, daß es da einige Leute gibt, die aus Neid und Streitsucht Christus predigen, könnten dazu angetan sein, aufkommende Freude alsbald wieder zu ersticken. Doch der Apostel hält daran fest, daß er reichlich Anlaß zur Freude hat. Diese können auch diejenigen ihm nicht nehmen, die Christus aus Eigennutz verkündigen und Paulus dadurch Kummer bereiten. Durch derlei Rivalitäten läßt sich der gefangene Apostel aber nicht beirren: „Wenn nur Christus verkündigt wird auf jede Weise." (Phil 1,18)

Die Freude, die Paulus erfüllt, ist auf festes Fundament gegründet; denn sie ist Freude „im Herrn" (Phil 3,1; 4,4). Da der dem Apostel erteilte Auftrag lautet, Jesus Christus als den Herrn zu verkündigen (2. Kor 4,5) – und nichts anderes –, wird die auf den Herrn gegründete Freude nicht wieder umgeworfen. Ist sie doch mit der auf die Zukunft gerichteten Hoffnung unlöslich verbunden. Denn der Gott der Hoffnung erfüllt die Seinen mit Freude (Röm 15,13).[58] Christen freuen sich „in Hoffnung" (Röm 12,12) und können sich daher „freuen mit den Fröhlichen und weinen mit den Weinenden" (Röm 12,15). Daraus erwächst Widerstandskraft gegenüber äußeren Bedrängnissen und wird Bruderliebe gestärkt, die sich in Solidarität mit den anderen in Mitfreude wie auch in Mittrauer bewährt. Paulus kann daher seinen Adressaten versichern, daß er sich unerschütterlich freut, selbst wenn er sein Leben opfern müßte um des Dienstes an den Gemeinden willen (Phil 2,17). So bittet er: „Darüber sollt ihr euch auch freuen und sollt euch mit mir freuen." (Phil 2,18)[59]

In der Freude über gedeihliche Entwicklung der Gemeinden kann Paulus an ihrem Ergehen intensiv teilnehmen (2. Kor 7,9.13; 1. Kor 16,17). „Denn wer ist unsere Hoffnung oder Freude oder unser Ruhmeskranz – seid nicht auch ihr es vor unserem Herrn Jesus, wenn er kommt!" (1. Thess 2,19) Wie Paulus durch persönliche Zuwendung einzelner Christen immer wieder mit großer Freude erfüllt wird (Phlm 7), so trägt Freude in Christus auf allen Wegen – durch Höhen und Tiefen, Kummer und Dankbarkeit.

Die Freude im Herrn, zu der der Apostel die Christen aufruft, soll im Unterschied zu einer Freude über diese oder jene äußeren Gegebenheiten zu jeder Zeit gelten und Bestand haben. Sie vermag allezeit zu trösten, in guten und in schweren Zeiten, in fröhlichen und in einsamen Stunden. Darum wird der Aufforderung, an dieser Freude teilzuhaben und sich mit Paulus „im Herrn" zu freuen, so kräftiger Nachdruck verliehen und noch einmal wiederholt: „Und abermals sage ich: Freuet euch!" (Phil 4,4)

Der Apostel unterstreicht mit diesen Worten, wodurch und worin die „Freude im Herrn" sich zutiefst von Stimmungen und Launen unterscheidet, die durch mancherlei Anlässe und Erlebnisse verursacht sein mögen. Weil die Seinen einen Herrn haben, der einer von ihnen geworden ist und sich bis zum Tod am Kreuz erniedrigt hat (Phil 2,5–11), darum kann und darf die Freude, die sie erfüllt, nicht wieder zerstreut werden. Sie will und soll fest bleiben und zu jeder Zeit das Leben und Handeln der Christen leiten: „Eure Güte lasst kund sein allen Menschen... Sorgt euch um nichts, sondern in allen Dingen lasst eure Bitten in Gebet und Flehen mit Danksagung vor Gott kund werden!" (Phil 4,5f)

Der unvergleichliche Charakter der in Christus begründeten Freude kann von Paulus auch durch einen widersprüchlich klingenden Satz beschrieben werden, indem er sagt, diejenigen, die sich freuen, sollten dies tun, „als freuten sie sich nicht" (1. Kor 7,30). Diese Worte sind im Blick auf das in Kürze erwartete Ende formuliert; ist doch die verbleibende Zeit „kurz" (1. Kor 7,29). Die auf das Ende gerichtete Hoffnung ist darum nicht von irdischen Gütern abhängig, sondern bezieht sich ausschließlich auf den Herrn. Denn diese Welt vergeht und kommt an ihr Ende. Obwohl das von den ersten Christen erwartete Ende der Zeiten nicht eingetreten ist, sondern die Zeit sich erheblich weiter dehnt, als man es sich vorgestellt hatte, kennzeichnet doch die Wendung „sich freuen, als freute man sich nicht" das schlechthin gültige Wesen der von Hoffnung erfüllten Freude. Sie richtet sich in ungeteilter Zuge-hörigkeit auf den Herrn und sieht alle Zukunft unter seine Herrschaft gestellt.

Weder äußere Mißlichkeiten noch persönliche Ent-täuschungen oder gar Verfolgung können diese Freude aufheben. Paulus, der mehrfach Gefangen-schaft hat erdulden und am Ende den Märtyrertod sterben müssen, ist daher in der festen Zuversicht getrost, daß er in aller Bedrängnis „überschweng-liche Freude" haben und behalten kann (2. Kor 7,4). Weil die auf die Zukunft gerichtete Hoffnung fest und gewiß bleibt, darum wird auch die Freude im Herrn stärker sein als Leid und Verfolgung. Freude auch im Leiden verleiht die Kraft zur Beständigkeit.[60] Das Leiden der Christen ist „ganz unmittelbar ein Teilhaben am Leiden Christi. Eben darin aber ist es Freude: ‚so wir anders mitleiden, daß wir auch verherrlicht werden'."[61] (vgl. Röm. 8,17) Freude allezeit und an jedem Ort, das bedeutet – wie es in einem knapp gefaßten Wort heißt: „Non potest non laetari, qui sperat in Dominum" – das heißt: Wer auf den Herrn hofft, der kann sich niemals nicht freuen. Er muß und wird sich eben allezeit freuen.

Vollkommene Freude

Die Freude in den
johanneischen Schriften

Um die Wende vom ersten zum zweiten christlichen Jahrhundert sind die johanneischen Schriften entstanden – wahrscheinlich das Johannesevangelium zuerst und dann die johanneischen Briefe, unabhängig von ihnen die Offenbarung des Johannes. Diese Schriften wenden sich an eine der Zahl nach kleine Christenheit, um ihr Trost und Zuversicht zuzusprechen. Die überkommene urchristliche Überlieferung, aus der die Verfasser der johanneischen Schriften schöpfen, ist durch eine längere Zeit mündlicher Tradition hindurchgegangen, die von den Anfängen her weitergereicht, aufs neue bedacht und mit erklärenden Anmerkungen und Anweisungen zu rechtem Verstehen versehen wurde. Durch diese fortschreitende, wiederholt erneuerte Überlieferung ist die Sprache des Evangelisten und die des Briefschreibers geprägt. Das Bild, das sie von Christi Verkündigung und Wirksamkeit entwerfen, empfängt seine Kraft vom Bekenntnis zum auferstandenen Herrn, der hier und jetzt das

Wort nimmt. Von der Christologie her deckt der Evangelist die Situation der Menschen in der Welt auf und ruft sie zum Glauben. Allen denen aber, die sich im Glauben zu Christus als dem Herrn bekennen, wird tröstende Ermutigung zuteil, damit sie in Anfechtungen und Bedrängnis zuversichtlich bleiben und Kraft zum Durchhalten gewinnen.

Der Evangelist interpretiert die Botschaft von Kreuz und Auferstehung Christi, indem er sie mit der Darstellung der gesamten Wirksamkeit Jesu verbindet und zu einer Einheit verschmilzt. Jesu Erdenweg läuft auf das Ziel zu, das im Augenblick seines Kreuzestodes erreicht ist (Joh 19,30). Auf diese Stunde drängt alles Geschehen hin. Der Gekreuzigte aber wird von Gott verherrlicht und gewinnt als der Auferstandene den Sieg. Das Christuszeugnis ist daher so eng mit der Osterbotschaft verklammert, daß Jesu Weg an das Kreuz zugleich als seine Erhöhung und Verherrlichung verstanden wird. Wer an den Sohn glaubt, der hat schon ewiges Leben – d.h. Leben, das kein Leid oder Sterben wieder nehmen kann. Wer hingegen dem Sohn nicht gehorcht, der wird kein Leben sehen, „sondern der Zorn Gottes bleibt auf ihm" (3,36).

Die letztgültige Scheidung wird da und dort vollzogen, wo die Antwort glaubenden Vertrauens gegeben oder aber verweigert wird. Die Christusbotschaft findet in der glaubenden Annahme die einzig angemessene Antwort (3,15f). Der Glaube entsteht aus dem verkündigten und bezeugten Wort und nimmt das Zeugnis von Christus als die zugesprochene Wahrheit an. „Wer aus der Wahrheit ist, der hört meine Stimme" – sagt der johanneische Christus (18,37). Der Welt muß es jedoch schlechthin unverständlich erscheinen, daß in Jesu Wort Leben und Heil angeboten werden. Weil sie sich dem Zeugnis verschließt, wird sie der Sünde überführt und ist das Urteil des Gerichts bereits über sie ergangen (16,8).

Freude in Bewahrung und Bewährung

Am Anfang der Geschichte Jesu steht die Gestalt Johannes des Täufers, der als Vorläufer und Bote Christi auftritt und nach Verrichtung seines Auftrags von der Bühne abtritt, um dem Platz zu machen, in dem die Erfüllung der Verheißungen Wirklichkeit wird. Die Gestalt des Johannes wird daher im Blick auf den von ihm angesagten Christus gezeichnet. Johannes ist darum froh, daß nun der Retter, dessen Erscheinen er angesagt hat, da ist. Nun kann er zurückstehen, damit der Christus als der von Gott bevollmächtigte Bote erfüllter Freude das Wort nimmt.

In einem Bildwort, mit dem der Täufer das Kommen des Christus ankündigt, ist zum ersten Mal im Johannesevangelium von der Freude die Rede. Johannes vergleicht darin seine Rolle mit der eines Freundes, der den Bräutigam zur Hochzeit führt. Als Brautwerber freut er sich, dass es zur Hochzeit des Paares kommt, und begleitet als Brautführer den Bräutigam und Freund (Joh 3,29). Er freut sich über dessen Stimme und hat nun seine Aufgabe erfüllt.

Mit diesen Worten wird der frohe Klang der Freude angeschlagen und diese als „erfüllte" bezeichnet. Die vergangene Zeit ist definitiv abgelaufen, und die neue Zeit hebt an. Darum muß Johannes abnehmen, Jesus aber wachsen (3,30). Wie die Sterne der Nacht verblassen und dem Aufleuchten der Sonnenstrahlen weichen, so zieht nun der helle Tag der erfüllten Verheißungen herauf. Weiß das Alte Testament von der Freude zu reden, die dem Fest der Hochzeit gilt (Jer 25,10), so wird auch hier allen vorläufigen Erscheinungen von dieser oder jener Freude die schlechthin gültige Freude gegenübergestellt, die mit der Erscheinung des Christus aufleuchtet. Kennt jüdische Messiashoffnung vollkommene Freude, die im Unterschied zu aller unvollkommenen Freude dieser Welt „erfüllte Freude" sein wird,[62] so geht nun von der Erfüllung der Verheißungen bleibende Freude aus.

Diese Freude kann auch mit der Freude über die eingebrachte Ernte verglichen werden. Wie der Wein des Menschen Herz erfreut (Ps 104,15), so freuen sich miteinander beide – „der da sät und der da erntet" (4,36). Christi Zeit ist Erntezeit und darum erfüllte Zeit. Der johanneische Christus greift auf die Geschichte des Vaters Abraham zurück und sagt, er sei – zu seiner Zeit – froh gewesen, „daß er meinen Tag sehen sollte" – „und er sah ihn und jubelte" (8,56). Der Grund seiner Freude wird dahin angegeben, daß er weit in die Zukunft vorausschauen und die Erfüllung der Verheißungen ahnend begreifen konnte.[63]

Die Welt hingegen vermag nicht zu erkennen, was Grund zu wirklicher Freude ist. Unter „Kosmos" wird im vierten Evangelium nicht – wie es dem herkömmlichen Sinn des Wortes entsprechen würde – das geordnete Ganze der Welt verstanden. Sondern als Kosmos wird die auf sich selbst gestellte Welt bezeichnet, die ohne Gott sein will und den Erweis seiner Liebe ablehnt. Weil der Kosmos vom „Fürsten dieser Welt" beherrscht wird (12,31), darum liegt die Welt im Argen (1. Joh 5,19). Der Kosmos hat nicht begriffen und nicht begreifen wollen, daß Jesus das Licht der Welt ist (8,12). Infolge dieser negativen Entscheidung ist die Welt verfinstert und verharrt in Feindschaft gegen Jesus und seine Jünger.

Die Jünger Jesu müssen daher in der Welt Trübsal erleiden und von Angst bedrückt werden (16,33). Wenn ihr Herr und Meister von ihnen fortgeht, wird die Welt sich freuen (16,20). Weil Jesu Verkündigung eben diese Welt in Frage stellte, wird sie froh sein, wenn diese fundamentale Kritik nicht mehr gegen sie geltend gemacht wird.[64] Dieser Freude, die der Kosmos empfindet, steht die Traurigkeit der Jünger gegenüber, die sie bekümmert, wenn sie ohne ihren Herrn ausharren müssen (16,20).

Doch die Zeit der Verlassenheit wird – so verheißt der johanneische Christus – nur kurz dauern. Dann wird die Trauer in Freude verwandelt werden. Ein Bildwort erläutert: Eine Frau, die gebären wird, wird von Schmerzen erfaßt, wenn ihre Stunde gekommen ist. Doch wenn das Kind geboren ist, dann denkt sie nicht mehr an die Angst „um der Freude willen, daß ein Mensch zur Welt gekommen ist" (16,21). So geht es auch den Jüngern: daß sie jetzt traurig sind und sich von ihrem Herrn verlassen wähnen; „aber ich will euch wieder sehen und euer Herz soll sich freuen, und eure Freude soll niemand von euch nehmen" (16,21). Wenn in naher Zukunft der Gekreuzigte als der Auferstandene ihnen gegenübertritt, dann wird alle Traurigkeit von ihnen genommen und in Freude verwandelt werden (16,22).

Dann wird sich erweisen, daß im Gegensatz „zu der nur kurz während und scheinbaren Freude der ‚Welt'‟ sich „die neue christliche Freude als wahr und unvergänglich" darstellt.[65] Wird die Gegenwart, in der die Jünger sich befinden, als „In der Welt sein" beschrieben, das ihnen Angst und Traurigkeit einträgt, so wird ihnen die tröstende Ermutigung angekündigt: „In der Welt habt ihr Angst, aber seid getrost, ich habe die Welt überwunden." (16,33) Das Leiden, das die Jünger Jesu erdulden müssen, rückt sie an die Seite ihres Herrn, so daß eben dieses Leiden für sie zum Grund der Freude wird.[66] Die Jünger werden in aller Bedrängnis durch den Sieg Christi gnädig bewahrt und haben deshalb ihre Freude in ihrem Leben und Handeln zu bewähren.

Im Unterschied zur Freude dieser Welt, die alsbald wieder vergeht, kann niemand den Jüngern die Freude wieder nehmen, die sie in der Gemeinschaft mit ihrem Herrn erfahren (16,22). Dann und dort wird die Freude so stark und überwältigend sein, daß es nichts mehr zu fragen gibt und die Trauer „in eine unaufhörliche Freude" verwandelt wird.[67] Dann wird „aller Mangel auf seiten der Jünger behoben sein".[68] Darum mögen sie glaubend begreifen, daß es gut für sie ist, daß ihr Herr von ihnen scheidet und zum Vater geht (14,28). Die Freude der Jünger soll „gerade darin begründet sein", „daß Jesus sich als der erweist …, der stets als der Kommende vor den Seinen steht".[69]

Im Unterschied zu allen anderen Anlässen, die
Freude auslösen können, wird die Freude im Herrn
unvergänglich sein, so daß niemand sie wieder fort-
nehmen kann: Das Wort des Christus wird seine
unbedingte Gültigkeit eben darin erweisen, daß
„seine Freude in euch bleibt und eure Freude vollkommen werde" (15,11). Dann „soll eure Freude
vollkommen sein" (16,24). Im hohenpriesterlichen
Gebet Jesu wird zugesagt, „daß meine Freude in
ihnen (den Jüngern) vollkommen sei" (17,13). Wie in
einem klangvollen Echo wird dieses Motiv dann
auch in den johanneischen Briefen wieder aufgenommen: „daß unsere Freude vollkommen sei"
(1. Joh 1,4 sowie 2. Joh 12).

In diesen Wendungen gelangt die johanneische Rede
von der Freude zu ihrem „Gipfelpunkt".[70] Doch läßt
sich diese leuchtende Höhe nicht durch eigenes
Wollen oder Gipfelstürmerei erreichen, sondern nur
in der Zugehörigkeit zu Christus als seine Gabe
empfangen. Unter Menschen und den ihnen offen-
stehenden Möglichkeiten gibt es keine Vollkommen-
heit und kann es sie nicht geben. Doch in der Ver-
bundenheit mit dem Herrn wird seine Freude zu der
der Jünger und darum vollkommen.[71] Sie kann nicht
wieder vergehen, wie alle anderen Anlässe zur
Freude alsbald wieder dahinschwinden. Denn im

Unterschied zu allen vorläufigen Erscheinungen, die in dieser Welt anzutreffen sind, ist die Freude der Jünger nicht auf in der Welt gegebene Voraussetzungen gegründet, sondern als Geschenk bleibend gültiger Osterfreude zuteil geworden. Diese Freude lebt aus der dauernden Gegenwart Jesu, die im Geist der Wahrheit bei den Seinen ist. Darum ist sie wahrhaft erfüllt und vollkommen.[72]

Die Erfüllung der Verheißungen legt den Glaubenden Loblieder auf die Zunge, mit denen sie Gottes Gabe preisen. Von Freude getragene Lieder wußte schon die Gemeinde von Qumran zu singen, um die Rettungstat ihres Gottes zu rühmen,[73] so z.B.: „Du gabst mir Loblieder in den Mund und auf meine Zunge [Lobpr]eis. Und was von meinen Lippen kommt, [ist] am Orte des Jubels, und ich will deine Barmherzigkeit besingen und deine Macht bedenken den ganzen Tag. Ständig will ich deinen Namen preisen und deine Ehre erzählen unter den Menschenkindern, und am Reichtum deiner Güte ergötzt sich meine Seele." (1 QH XI,4–7) Oder: „[Ich preise dich, Herr,] wegen der Geister, die du in mich gegeben hast. Ich will eine Antwort der Zunge fi[n]den, um deine gerechten Taten zu erzählen." (1 QH XVII,17)

Hymnen der Freude stimmte dann auch die christliche Gemeinde an, um die Rettungstat des Christus zu rühmen (so Phil 2,5–11; Kol 1,15–20; 1. Tim 3,16 u.a.). Und die im Leiden bedrängte Gemeinde setzte ihre Zuversicht allein auf Gottes Zusagen, auf die sie ihr Vertrauen zu gründen und getrost zu bleiben wußte, so z.B.:

> „Groß und wunderbar sind deine Werke,
> Herr, Gott, Allherrscher!
> Gerecht und wahrhaftig sind deine Wege,
> König der Völker!
> Wer sollte dich nicht fürchten, Herr,
> und deinen Namen preisen?
> Denn du allein bist heilig,
> ja, alle Völker werden kommen
> und niederfallen vor dir,
> weil deine gerechten Taten offenbar
> geworden sind."

(Offb Joh 15,3f)

Wenn der Sieg, den Christus bereits gewonnen hat, am Ende der Zeiten vor aller Welt sichtbar wird, dann wird eitel Freude die Erlösten erfüllen. Doch weil sie sich hier und jetzt zum siegreichen Herrn bekennen, darum herrscht unter ihnen bereits in der Gegenwart frohe Zuversicht und getroste Freude. Vollkommene Freude wird sie genannt, weil Jesus allein ihre Freude ist.[74]

Die vollkommene Freude, die die Glaubenden erfaßt, wird darum mit der Zusage des Friedens verknüpft: „Den Frieden lasse ich euch", – so verheißt Christus – „meinen Frieden gebe ich euch. Nicht gebe ich euch, wie die Welt gibt. Euer Herz erschrecke nicht und fürchte sich nicht." (Joh 14,27; vgl. auch 16,33) Betend sagt Jesus den Jüngern zu, daß sie „trotz ihrer anbrechenden Verlassenheit jene erfüllte Freude" empfangen sollen, „die er selbst in seiner Gemeinschaft mit dem Vater besitzt".[75] „In der Freude hat alles Fragen ein Ende gefunden, sind alle Rätsel gelöst."[76] Darum ist sie erfüllt und vollkommen und trägt die Jünger Jesu durch alle Anfechtungen hindurch. Wie das Johannesevangelium zu Anfang von der Freude spricht, die Johannes den Täufer als den Vorläufer des Christus erfüllt (3,29), so steht am Ende die Freude, die die Jünger Jesu über die Auferstehung ihres Herrn ergreift: „Da wurden die Jünger froh, daß sie den Herrn sahen."[77] (20,20)

Mit der Gemeinde des alten Bundes beten die Jünger Jesu: „Das ist meine Freude, daß ich mich zu Gott halte." (Ps 73,28) und bekennen sie: „Dein Wort ist meines Herzens Freude und Trost." (Jer 15,16) Die von dieser Freude angerührt sind, werden mit wachen Augen Bibel und Gesangbuch durchmustern und überall leuchtende Zeichen der Freude entdecken. Und mit klarem Blick werden sie ihre Tage durchleben und allerorten kleine oder größere Anlässe erkennen, über die sie sich freuen – und Gott danken können. Sie werden dabei auf die Zusage vertrauen, die unwandelbar gilt: „Die Freude am Herrn ist eure Stärke." (Neh. 8,10) Und so mag man mit einem Wort, das Martin Luther zugeschrieben wird, sagen:

„Die Freude ist der Doktorhut des Glaubens."[78]

Anmerkungen

1 Martin Luther, WA 10$^{I\,2}$, 170.
2 WA 10$^{I\,1}$, 368.
3 WA 10$^{I\,1}$, 101.
4 WA 10$^{I\,1}$, l01.
5 So E.G. Gulin, Die Freude im Neuen Testament. I. Teil: Jesus, Urgemeinde, Paulus; Annales Academiae Scientiarum Fennicae B 26,2, Helsinki 1932, 2.
6 Vor allem zu nennen ist das zweibändige Werk von E.G. Gulin (s. Anm. 5): Die Freude im Neuen Testament, II. Teil: Johannesevangelium. Annales Academiae Scientiarum Fennicae B 37,3, Helsinki 1936; ferner: J. Schniewind, Die Freude im Neuen Testament, in: Nachgelassene Reden und Aufsätze, TBT 1, Berlin 1952, 72–80; Ders., Die Freude der Buße, Kleine Vandenhoeck-Reihe 32, Göttingen 1956, 9–18; W. Nauck, Freude im Leiden, ZNW 46 (1955), 68–80; sowie die einschlägigen Artikel im Theologischen Wörterbuch zum Neuen Testament: G. Friedrich, Euaggelion, Band II, 705–735; H. Conzelmann / W. Zimmerli, Chairoo, Band IX, 349–405.

7 Vgl. Schniewind, a.a.O., 72=9.

8 Doch ist mit Gulin, a.a.O. I, 2 zu beachten: „Die Freude scheint im NT an vielen Stellen auch dort eine Rolle zu spielen, wo sie nicht ausdrücklich bei Namen genannt wird."

9 Abkürzungen zitierter Literatur nach dem üblichen Verfahren; vgl. S. Schwertner, Theologische Realenzyklopädie, Abkürzungsverzeichnis, Berlin [2]1994, 1–488.

10 Zum Begriff „Evangelium": vgl. G. Friedrich, ThWB II (1935), 705–735; P. Stuhlmacher, Das paulinische Evangelium I, FRLANT 95, Göttingen 1968; Ders., (Hg.), Das Evangelium und die Evangelien, WUNT I 28, Tübingen 1983; G. Strecker, Das Evangelium Jesu Christi, in: Jesus Christus in Historie und Theologie, Festschrift H. Conzelmann, Tübingen 1975, 503–548 = Eschaton und Historie, Aufsätze, Göttingen 1979, 183–228; H. Frankemölle, Evangelium. Begriff und Gattung, SBB 5, Stuttgart 1988; M. Hengel, The Four Gospels and the Gospel of Jesus Christ, London 2000; Th. Söding, Ein Jesus – Vier Evangelien, ThGl 91 (2001), 409–443.

11 Belege bei Friedrich, ThWB II, 719.

12 Belege bei Friedrich, ebda. II, 721f.

13 Vgl. E. Lohse, Umwelt des Neuen Testaments, Göttingen [10]2000, 137–144.

14 Vgl. O. Kaiser/E. Lohse, Tod und Leben, Biblische Konfrontationen 1001, Stuttgart 1977 sowie H.J. Hermisson/E. Lohse, Glauben, Biblische Konfrontationen 1005, Stuttgart 1978.

15 Vgl. G. Friedrich, ThWB II, 729: „Das Evangelium zeugt nicht nur vom Heilsgeschehen, es ist selbst Heilsgeschehen."

16 Vgl. W. Schmithals, Der Römerbrief, Gütersloh 1988, 51: „Zur Einheit der Gemeinde gehört die eine Botschaft, nicht die einheitliche Theologie bzw. Christologie."

17 Vgl. E. Lohse, Der Brief an die Römer, Göttingen 2003, 64–67.

18 Zur Übersetzung vgl. J. Schniewind, Das Evangelium nach Markus, Göttingen [4]1949, 43.

19 Vgl. die prophetischen Worte aus Mal. 3,1 und Jes 40,3 in Mk 1,2f Par.

20 Vgl. Schniewind, a.a.O. (s. S. 85 Anm. 6), 76=14.

21 Vgl. Conzelmann, ThWB IX, 358 sowie Gulin I, bes. 95–108.

22 Die im Griechischen geläufige Grußwendung „Sei gegrüßt"/„freue dich" findet sich an einigen Stellen im Neuen Testament, so: Lk 1,28; Mt 28,9; auch im Mund des Verräters Judas Mk 15,18 Par.; Joh 19,3 sowie der Spötter unter dem Kreuz Jesu Mk 15,18 Par. Die im griechischen Briefstil übliche Wendung „Sei gegrüßt"/„freue dich" wird nur Apg 15,23; 23,26; Jak 1,1 verwendet. Der Apostel Paulus verwendet eine andere, spezifisch christliche Grußwendung, s.u. S. 63f.

23 Zum sog. „Passivum divinum" vgl. J. Jeremias, Die Sprache des Lukasevangeliums, Göttingen 1980, 122f.

24 Vgl. E. Schweizer, Das Evangelium nach Lukas, Göttingen [3]1993, 58.

25 Zu dem Bildworten, durch die in der Verkündigung Jesu das im Anbruch befindliche endzeitliche Heil angesagt wird, vgl. J. Jeremias, Die Gleichnisse Jesu, Göttingen [7]1965, 218–221.

26 Vgl. Conzelmann, ThWB IX, 358, Anm. 71.

27 Vgl. H. Klein, Das Lukasevangelium, Göttingen 2005, 380f: „Nicht die Freude über den eigenen Erfolg, sondern über die erfolgte Erwählung ist sachgemäß ... Der Grund der Freude liegt in der Erwählung durch Gott, die mit dem Bild des Lebensbuches beschrieben wird."

28 A. Schlatter, Das Evangelium des Lukas, Stuttgart [2]1960, 281, betont die Kampfsituation, in der die Jünger Jesu sich befinden: „Der Jünger wird in den Kampf gestellt, und in diesem Kampf soll er Sieger sein, und er ist es auch in Kraft der ihm gegebenen Sendung. Aber über dem Kampf steht das, was er besitzt, und gegeben ist ihm das unausdenkbar Große, die Eintragung des Namens in Gottes Buch." Vgl. auch Gulin, a.a.O. I, 54: Die Freude der Jünger sei „kein fortwährendes Gefühl" und gründe sich auch nicht auf „gegenwärtigen ruhigen Besitz des Heils". Sie sei vielmehr „ein Geisteszustand, zu dem man sich

immer aufs neue kämpfen muß". Ihre Freude entstehe daher im Sprung des Glaubens.

29 Vgl. J. Schniewind, Das Evangelium nach Matthäus, Göttingen [4]1950, 150.

30 Vgl. J. Jeremias, Die Gleichnisse Jesu, Göttingen [7]1965, 132–135.

31 Vgl. Jeremias, a.a.O., 134.

32 Diese Suche nach dem Verlorenen ist von Ludwig van Beethoven bekanntlich überaus eindringlich vertont worden.

33 Diesen Augenblick, in dem der Sohn zur Einsicht belangt und seinen Entschluß faßt, hat der Maler Max Beckmann in einem Gemälde von zutiefst einprägsamer Kraft festgehalten: Der Sohn läßt sich von den ihn umgebenden leichten Mädchen nicht mehr beeindrucken, sondern verschließt die Ohren gegen ihre Worte und blickt, in sich gekehrt, der Zukunft entgegen, in die seine Entscheidung ihn führen soll. (Gemälde im Sprengel-Museum, Hannover)

34 Vgl. Jeremias, a.a.O., 130.

35 Jeremias, a.a.O., 131.

36 Vgl. Jeremias, a.a.O., 197f.

37 Jeremias, a.a.O., 199. Vgl. auch Gulin (s. S. 85 Anm. 5) I, 37: Die zukünftige Vollendung ist „schon Gegenwart in Niedrigkeit geworden". „Die Herrlichkeit des Endzustandes ist schon in Niedrigkeit da."

38 Vgl. Conzelmann, ThWB IX, 358 Anm. 71: „Die freudige Aufnahme des Wortes Mk 4,16 ist Missionsstil, vgl. 1 Th 1,6."

39 Vgl. Schniewind, a.a.O. (s. S. 85 Anm. 6), 72=9.

40 Vgl. W. Nauck, Freude im Leiden, ZNW 46 (1955), 68–80.

41 Vgl. Jak 1,2: „Meine lieben Brüder, achtet es für lauter Freude, wenn ihr in mancherlei Anfechtungen fallt."

42 Vgl. Nauck, a.a.O., 79.

43 Vgl. Nauck, a.a.O., 80: „Das dem einzelnen Gläubigen widerfahrende Leiden um des Glaubens willen, die den Einzelnen überfallende Anfechtung ist ein Teil des weltumspannenden Kampfes zwischen Gott und Widergott."

44 Vgl. R. Bultmann, Theologie des Neuen Testaments, Tübingen [9]1984, 340f; H. Conzelmann, ThWB IX, 359: nie erscheine bei Paulus die Freude „als profane Stimmung".

45 Vgl. WA 56, 295.

46 Vgl. Schniewind, a.a.O. (s. S. 85 Anm. 6), 79=16f.

47 Vgl. Schniewind, ebda., 79=17f.

48 Vgl. hierzu E. Lohse, Der Brief an die Römer, Göttingen 2003, 71.

49 Der Galaterbrief stellt die einzige Ausnahme dar. Angesichts der unruhigen Verwirrung, wie sie in den Gemeinden Galatiens entstanden ist, kann der Apostel nur sagen: „Mich wundert, daß ihr euch so bald abwenden laßt von dem, der euch

berufen hat in die Gnade Christi, zu einem andern Evangelium, obwohl es kein andres gibt." (Gal 1,6f)

50 Vgl. Conzelmann, ThWB IX, 402f.

51 Conzelmann, ebda.

52 Vgl. P. Billerbeck, Kommentar zum Neuen Testament aus Talmud und Midrasch III, München 1926, 126–133.

53 Vgl. Billerbeck, ebda., 132.

54 Vgl. P. Billerbeck, Ein Synagogengottesdienst in Jesu Tagen, ZNW 55 (1964), 143–161.152–154.

55 Vgl. Billerbeck, ebda., 154.

56 Vgl. P. Billerbeck, Der altjüdische Synagogengottesdienst, in: Kommentar zum Neuen Testament aus Talmud und Midrasch IV,1, München 1928, 153–188.154.

57 Die Frage, ob der Philipperbrief möglicherweise eine Zusammenstellung aus mehreren kleineren Brieffragmenten darstellt, braucht hier nicht erörtert zu werden. Denn der Begriff der Freude findet sich in allen vier Kapiteln des vorliegenden Briefes und zeichnet sich dadurch als leitendes Thema aus.

58 Vgl. R. Bultmann, Theologie des Neuen Testaments, Tübingen ⁹1984, 340: Die Freude der Gegenwart ist „durch die Bezogenheit auf die Zukunft begründet".

59 Vgl. Conzelmann, ThWB IX, 360: Das Futur „lenkt den Blick auf das künftige Gericht und die

Rechenschaft, die abzulegen ist (2,16; 4,1). Intendiert ist, daß diese Freude nicht bloße Vor-Freude ist. Sie ist Bezogenheit auf die Zukunft, die in der Gegenwart als Freude erfahren wird."

60 Zum Motiv der „Freude auch im Leiden" s.o. S. 54f.

61 Vgl. Schniewind, a.a.O. (s. 85 Anm. 6), 80=18.

62 Vgl. H. Conzelmann, ThWB IX, 355, 361.

63 Vgl. C.K. Barrett, Das Evangelium nach Johannes, Göttingen 1990, 355.

64 Vgl. R. Bultmann, Das Evangelium des Johannes, Göttingen 1941, 445.

65 Vgl. E.G. Gulin, Die Freude im Neuen Testament II (s.o. 85 Anm. 6), 40.

66 Vgl. Gulin, ebda., 63f.

67 Vgl. Gulin, ebda., 65.

68 Vgl. E. Haenchen, Johannesevangelium, Tübingen 1980, 496.

69 Vgl. Bultmann, a.a.O., 487.

70 Vgl. Conzelmann, ThWB IX, 361.

71 Vgl. Bultmann, a.a.O., 416.

72 Vgl. U. Schnelle, Das Evangelium nach Johannes, Leipzig 1998, 242.

73 Vgl. U. Wilckens, Das Evangelium nach Johannes, Göttingen 1998, 240. Dort weitere Belege.

74 Vgl. Conzelmann, ThWB IX, 361: Die Freude der Jünger „ist gaudium alienum, Jesu Freude in ihnen. Das ist mit dem Attribut ‚vollkommen' gesagt."

75 Vgl. Haenchen, a.a.O., 506.

76 Vgl. R. Bultmann, Theologie des Neuen Testaments, Tübingen ⁹1984, 436.

77 Vgl. Schnelle, a.a.O., 80 Anm. 103: „Am Anfang steht die Freude des Täufers, am Ende die Freude der Jünger."

78 Die Zuschreibung bleibt ungewiß, da dieses Wort sich nicht in der Weimarer Luther-Ausgabe findet.

Gerecht vor Gott

Eduard Lohse
Der Brief an die Römer
Neubearbeitung

Kritisch-exegetischer
Kommentar über das
Neue Testament,
Band 4.

2003. 423 Seiten, Leinen
mit Schutzumschlag
ISBN 978-3-525-51630-0

In den letzten Jahrzehnten hat die internationale und interkonfessionelle Diskussion über den Römerbrief des Apostels Paulus in beeindruckender Weise an Breite und Tiefe gewonnen und sich der Horizont religionswissenschaftlicher Erörterung weit gespannt. Diesen Veränderungen, die die gelehrte Forschung bestimmen, sucht dieser Kommentar ebenso Rechnung zu tragen wie der Aufforderung an einen wissenschaftlichen Kommentar, sich nicht nur für die Förderung theologischer Wissenschaft, sondern auch für den Gebrauch durch die Pfarrer- und Lehrerschaft als nützlich zu erweisen.

Diese Auslegung des Römerbriefs achtet besonders auch die jüdischen Voraussetzungen, die das Denken des Apostels Paulus bestimmen, und sucht herauszuarbeiten, was der Apostel den Christen in Rom zu sagen hatte – mit ihnen aber zugleich den Christen aller Zeiten, und damit auch uns.

Vandenhoeck & Ruprecht

Spiritualität

Bernd Abesser / Bärbel Husmann
Fürchte dich nicht
Inspiritationen für das ganze Kirchenjahr

Inspiritationen für das ganze
Kirchenjahr

2006. 142 Seiten, kartoniert
ISBN 978-3-525-60004-7

Diese Andachten machen
erfahrbar, dass Worte mehr
beschreiben als unsere
sichtbare Welt. Sie haben
religiöse und theologische
Tiefe, richten sich an mo-
derne Christen und spre-
chen von Gott – oft ohne
ihn explizit zu nennen.

Klaus Seiler
Geistliche Augen-Blicke
Zwölf Meditationen

2006. 105 Seiten mit 12
Abbildungen, kartoniert
ISBN 978-3-525-63368-7

Bilder geben Impulse. Auch
in der Meditation können
sie anregen, innere Bilder
und Erinnerungen wecken,
trösten und Spielräume
öffnen.

Anhand ausgesuchter Bil-
der, biblischer Texte und Geschichten regt Klaus Seiler
zu einem Meditationszyklus
an, der sich auf das ganze
Jahr erstreckt. Jedes Bild
und jede Meditation steht
im Zusammenhang mit bib-
lischen Versen, Geschichten
und Musik, sodass ein Ge-
spräch auf verschiedenen
Ebenen entsteht.

Vandenhoeck & Ruprecht